HISPANIC TEXTS

general editor
Professor Catherine Davies
Department of Hispanic and Latin American Studies
Nottingham University

series previously edited by
Professor Peter Beardsell, University of Hull
Emeritus Professor Herbert Ramsden

series advisers
Spanish literature: Professor Jeremy Lawrance
Department of Spanish and Portuguese Studies, University of Manchester
US adviser: Professor Geoffrey Ribbans, Brown University, USA

Hispanic Texts provide important and attractive material in editions with an introduction, notes and vocabulary, and are suitable both for advanced study in schools, colleges and higher education and for use by the general reader. Continuing the tradition established by the previous *Spanish Texts*, the series combines a high standard of scholarship with practical linguistic assistance for English speakers. It aims to respond to recent changes in the kind of text selected for study, or chosen as background reading to support the acquisition of foreign languages, and places an emphasis on modern texts which not only deserve attention in their own right but contribute to a fuller understanding of the societies in which they were written. While many of these works are regarded as modern classics, others are included for their suitability as useful and enjoyable reading material, and may contain colloquial and journalistic as well as literary Spanish. The series will also give fuller representation to the increasing literary, political and economic importance of Latin America.

Three novellas: Confidencias, La mujer fría *and* Puñal de claveles

Manchester University Press

HISPANIC TEXTS

available in the series

Carmen Conde *Mientras los hombres mueren*
ed. Jean Andrews

Julio Cortázar *Siete cuentos*
ed. Peter Beardsell

Antonio Machado *Soledades. Galerías. Otros poemas*
ed. Richard A. Cardwell

Spanish contemporary poetry: An anthology
ed. Diana Cullell

Gertrudis Gómez de Avellaneda *Sab*
ed. Catherine Davies

Elena Poniatowska *Querido Diego, te abraza Quiela*
ed. Nathanial Gardner

La vida de Lazarillo de Tormes
ed. R.O. Jones

Lope de Vega Carpio *El Caballero de Olmedo*
ed. Anthony John Lappin

Lope de Vega Carpio *El castigo sin venganza*
ed. Jonathan Thacker

Ramón J. Sender *Réquiem por un campesino español*
ed. Patricia McDermott

Pablo Neruda *Veinte poemas de amor y una canción desesperada*
ed. Dominic Moran

Gabriel García Márquez *El coronel no tiene quien le escriba*
ed. Giovanni Pontiero

Federico García Lorca *Bodas de sangre*
ed. H. Ramsden

Federico García Lorca *La casa de Bernarda Alba*
ed. H. Ramsden

Federico García Lorca *Romancero gitano*
ed. H. Ramsden

Lorca's Romancero gitano: eighteen commentaries
ed. H. Ramsden

Miguel Barnet and Esteban Montejo *Biografía de un Cimarrón*
William Rowlandson

Miguel Delibes *El camino*
ed. Jeremy Squires

Octavio Paz *El laberinto de la soledad*
ed. Anthony Stanton

Federico García Lorca *Yerma*
ed. Robin Warner

Alfredo Bryce Echenique *Huerto Cerrado*
ed. David Wood

Carmen de Burgos

Three novellas:
Confidencias, La mujer fría *and* Puñal de claveles

edited with an introduction, critical analysis, notes and vocabulary by
Abigail Lee Six

Manchester University Press

All editorial matter, in English and Spanish © Abigail Lee Six 2016
All other material © as acknowledged

The right of Abigail Lee Six to be identified as the author of this work has been asserted by her in accordance with the Copyright, Designs and Patents Act 1988.

Published by Manchester University Press
Altrincham Street, Manchester M1 7JA
www.manchesteruniversitypress.co.uk

British Library Cataloguing-in-Publication Data
A catalogue record for this book is available from the British Library

Library of Congress Cataloging-in-Publication Data applied for

ISBN 978 0 7190 9711 9 *paperback*

First published 2016

The publisher has no responsibility for the persistence or accuracy of URLs for any external or third-party internet websites referred to in this book, and does not guarantee that any content on such websites is, or will remain, accurate or appropriate.

Typeset in Adobe Garamond Pro
by Koinonia, Manchester
Printed in Great Britain
by Lightning Source

Contents

Acknowledgements	*page* vi
Introduction	1
Reading in a foreign language	1
The author	2
Confidencias	5
La mujer fría	8
Puñal de claveles	17
Themes	22
Chronology	26
Note on editions	29
Select bibliography	30
Confidencias	35
La mujer fría	75
Puñal de claveles	111
Temas de debate y discusión	144
Selected vocabulary	145

Acknowledgements

I thank warmly the series editor, Catherine Davies, for her support throughout the process of producing this book, as well as the staff at Manchester University Press. My colleagues at Royal Holloway patiently answered e-mails and let me stop them in corridors with random questions about vocabulary and Spanish usage. The Inter-Library Loan team went to a great deal of trouble to obtain the first edition of *Puñal de claveles* for me. Jane Dalrymple kindly advised me on Spanish A-level needs and Tom Russell helped me gain access to an obscure source. Most of all, I thank my husband, Jean-Louis, who selflessly encouraged me not only to exile myself to France to write this volume, abandoning him in London, but also uncomplainingly ferried books to and fro at weekends.

Introduction

Reading in a foreign language

Here are some reasons why it is worth learning to read in a foreign language. No translation, however inspired, conveys the whole meaning of a text, so whenever you read in translation, you are losing some of the content. Some texts – including some marvellous and important ones – are simply not available in translation, so you are giving yourself access to those that have not been published in your own first language. It will improve your language skills across the board. It will give you satisfaction and greater confidence in your own competence as a linguist.

Whether your main reason for reading the stories in this volume is to get as much as possible out of them as literature or to use them as a tool to improve your language, the golden rule is do not look up every word you do not know. This slows you down, is discouraging, and can ultimately make you give up altogether. If you can follow the gist, keep going and either highlight words and expressions you do not know in the printed text, or use a blank card as a bookmark and write these on it as you go along. Then, later on, when you are not trying to read the text but to work on your language, look up the words and add them to your vocabulary notes. If you cannot understand even roughly what is happening, then you do need to look some words up, but as soon as you have enough to get the gist, stop until you are completely lost again. When you come across an unfamiliar word, try to guess its approximate meaning based on the context and any clues from the etymology or similar words you do know. Always do this before you look up and if you are proved wrong, think about how you might have come closer. This will improve your guessing in the future and speed up your reading as a consequence.

The author

Carmen de Burgos Seguí was born in 1867 in the Andalusian city of Almería, the eldest of ten children. Coming from the comfortably off land-owning class, she spent much of her childhood at the family's country estate in nearby Rodalquilar and then, probably aged sixteen, which was not considered excessively young in that world, she married Arturo Álvarez Bustos, twelve years her senior and a journalist from a local, powerful family. The match was not arranged – indeed, her parents opposed it – but despite her believing herself in love, it proved to be a disastrous misalliance almost immediately. The young bride found her husband to be brutal in the bedroom and objected to his infidelities and the double standard that tolerated these in a married man. Their first three children did not survive, but they had a daughter in 1895 who did live. Carmen meanwhile decided she needed to educate herself and obtain professional qualifications and so, after working for her father-in-law in his printing business for several years, she went on to study and then qualify as a teacher. In 1901, she left her husband to start a new life with her young daughter. This was considered a scandalous course of action, but she weathered the storm and never looked back.

She did teacher training work in Toledo and eventually made the transition to living full-time in Madrid, her target for some time. By now, she was writing and publishing prolifically, producing twelve novels and more than a hundred short stories or novellas over her lifetime (Imboden 2001: 25), as well as translations, essays and articles on topics as diverse as tips for women to make themselves more attractive, at one extreme, to polemical pieces arguing for the legalisation of divorce, at the other. She adopted a pen-name, 'Colombine' (*Columbina* in English), recalling the sharp-witted servant-girl, beloved of Harlequin in traditional Commedia dell'Arte theatre, which is performed by actors wearing masks, just as a pen-name masks the identity of the writer. Using the French version of it gave de Burgos the cultural prestige that Frenchness carries.[1]

In 1908, she met the man who was to be the love of her life, Ramón Gómez de la Serna (1888–1963), just starting out on his own writing career and twenty-one years her junior. The relationship lasted until 1929 and has been described, notwithstanding many ups and downs, as 'simbio-

---

[1] For the anecdote of receiving the pseudonym from her first editor and her reflections on the Columbina character, see Utrera (ed.) 1998: 27–9. On p. 320, she refers to her pen-name as a mask.

sis perfecta, amor, colaboración, satisfacción, plenitud' (Núñez Rey 1989: 27). It ended heartbreakingly for de Burgos when it transpired that he was having an affair with her now adult daughter. This was the most painful double betrayal imaginable, for it was committed by the two people she had loved most in her life. Indeed, in her memoirs, she admits to finding it too painful to recount, turning to others' versions of events (Utrera (ed.) 1998: 434–40).

De Burgos's experience of falling in love with a younger man is echoed by two of the three protagonists in this volume – Pili of *Confidencias* and Blanca of *La mujer fría* – and defended by the author: 'La mujer en su plenitud debe unirse a un hombre más joven ... para el que una niña es poco todavía, y yo, por mi parte, no puedo tolerar al hombre maduro' is to be found both in *Confidencias* and the memoirs (p. 61 and Utrera (ed.) 1998: 361) as are these words too: 'Quiero mi parte de alegría en la vida' or again: 'Prefiero sentir dolor a no sentir nada. El limbo es el verdadero infierno de las almas' (pp. 50, 55 and Utrera (ed.) 1998: 361 (both)).

Though based in Madrid and very much part of the literary and artistic ferment there in the early decades of the twentieth century, Carmen de Burgos was a keen and intrepid traveller too. She visited many European countries and was particularly attached to Portugal.[2] In 1909, she went to North Africa, to report on the war in the Spanish Sahara, being the first Spanish woman to be an on-the-spot war correspondent. She also travelled to Latin America, her first trip being in 1913. When the First World War broke out, she was in Norway with her daughter and faced major hardships and dangers crossing Germany to return to Spain.[3] Her travels provided material for both fiction and non-fictional writing. In the latter, she compared the situation of women and educational systems, amongst other topics, in the countries she visited with their counterparts in Spain. The fiction she wrote with foreign settings is at least as revealing, though, showing not only what a sharp eye she had for descriptive detail and atmosphere but perhaps more tellingly, conveying what it was like to be a woman travelling unaccompanied by a man at that time. *El perseguidor* (1917), for example, could be called a psychological horror story, for the female narrator, travelling alone, believes with growing panic that she is being followed by the same strange man as she goes from one country to the next. The tension between her desire for independence, her

[2] For details of her European travels, see Daganzo-Cantens 2010.
[3] For her own vivid account of this, see Utrera (ed.) 1998: 259–63.

spirit of adventure, and her thirst to explore new places on the one hand, and on the other, her attraction to the safety of home, family, and the man she will return to marry in the end is captured powerfully, perhaps more so than any non-fictional discussion of the issues it raises might have done.[4]

The socio-political causes dearest to de Burgos's heart reflect her belief in justice and equality for all. The improvements to women's education and their equality with men under the law, for which she argued all her life, can be seen as the gendered facet of this, but there was a racial one too, as she also fought against the prejudice and injustice directed at Sephardic Jews, establishing an organisation called the Alianza Hispano-Israelita, supported, amongst others, by no less a figure than Benito Pérez Galdós.[5] She also advocated for the abolition of the death penalty and worked to raise awareness of the plight of street children, blind and deaf ones, and juvenile delinquents. Her passionate support for Spanish Republicanism translated her wish for class equality; indeed, her last words, pronounced publicly, for she was speaking on sexual education at the Círculo Radical Socialista when she collapsed, were 'Muero contenta, porque muero republicana. ¡Viva la República! Les ruego a ustedes que digan conmigo ¡Viva la República!'.[6]

The fullest and most authoritative biography to date is Núñez Rey (2005), from which many of the details above are taken, but for a helpful overview of de Burgos's life and writing, see Davies 1998: 117–36. Although Davies does not analyse the texts selected for the present volume, many of her observations are relevant; she notes, for example, the author's 'devastating critique of rural Spain', including its portrayal as 'an inward-looking society … far removed from the centres of modernity' (both Davies 1998: 131). This is the world in which *Confidencias* opens and *Puñal de claveles* is set, but the attack in both is tempered by palpable affection towards rural Andalusia. Davies also acknowledges that de Burgos's

---

[4] 'El perseguidor' is in Núñez Rey (ed.) 1989: 271–308. De Burgos describes the unpleasantness to which women in Spain who go out at night unaccompanied are subjected in Utrera (ed.) 1998: 49.

[5] See Utrera (ed.) 1998: 97–9, for a passionate defence of her position on this. Benito Pérez Galdós (1843–1920) was a figure of gigantic literary stature from the generation of nineteenth-century realist authors. One might compare his standing in Spanish letters to someone like Charles Dickens in Britain. In Utrera (ed.) 1988: 107 a letter from de Burgos to Galdós is reproduced, in which she says that her sympathy for Jews was spawned by his novel, *Gloria* (1877), which narrates the story of the devoutly Catholic title character when she and a Jewish man fall in love.

[6] *El Sol*, 9 October 1932, widely cited, for example by Núñez Rey (ed.) 1989: 37.

female protagonists are 'not always admirable', something exemplified by the protagonist of *Confidencias*; and in considering de Burgos 'an adoptive daughter of Madrid', she evokes the dynamic found in that story as Pili's feelings fluctuate between nostalgia and claustrophobia towards her rural and coastal homeland versus her adult life in Madrid (Davies 1998: 123 and 133, respectively).

There now follows a discussion of each of the three stories in turn, followed by a consideration of some themes they share.

Confidencias

Confidencias was first published on 30 December 1920, in a periodical called *Los Contemporáneos*. This was one of several such publications, an innovation of the period which Kirkpatrick (2011: 239–40) describes as a 'new arena of print culture that took off like wildfire in the first decades of the twentieth century – the highly profitable paperback short novel series pitched both in price and style toward a mass audience.'

The story is presented in diary form. The diarist, a young woman called Pili, married to Felipe, a much older man, confides to the pages over a year her evolving feelings and opinions concerning him and a younger man, Manuel, with whom she decides first to have and then to end an extra-marital affair. The narrative demonstrates in fictional form some of the reasons why de Burgos championed women's education and the legalisation of divorce in Spain. For example, when Pili writes, 'No es culpa mía que la naturaleza sea así y que mi marido tenga cuarenta y seis años cuando yo cuento sólo veintiocho' (p. 50), she demonstrates that although she feels she is not culpable for her infidelity, she lacks the education that would have given her the insight to realise that her situation is a product of social conventions that can be called into question, unlike the human nature that she blames: these include the marrying of young women to older men, to ensure that the former are still virgins and of child-bearing age and the latter are established financially and sexually experienced.[7] Thus, Pili exemplifies the general observation that whilst de Burgos 'expone y denuncia a la mujer burguesa por dejarse llevar por el patriarcado, al mismo tiempo muestra compasión y entendimiento hacia ella ante la imposibilidad del cambio en una sociedad estranguladora' (Mangini 2001: 71).

---

[7] In the post-war years the question remains pertinent; its consequences then are discussed in Martín Gaite 1994; see especially 100–1 and 105–7.

Pili is an individual with her own life-story, marriage, friends, and voice, but she is also a middle-class woman of her time and place, a type that would have been eminently recognisable to de Burgos's readers in 1920. This general description matches her well:

> La mujer de clase media tradicional se caracteriza por ... la pobreza en el aspecto educativo: sabe leer y escribir, ... posee algunos conocimientos de adorno de tipo social y otros conocimientos prácticos de tipo doméstico. Posee una religiosidad de carácter ritual. (de Urioste 1997: 71)[8]

The diary form of *Confidencias* offers a unique combination of certain types of reliability conjugated with unreliability, enabling the author to explore the possibilities and limitations of this category of narrative. First of all, there is the treatment of time: unlike stories told traditionally, diary entries offer the immediacy of fresh experience, as opposed to the fallibility and selectivity of memory. The description of one's feelings about events the day they occurred is likely to diverge from the version one would give subsequently, inflected by hindsight. For example, what would Pili write about this year in her life two or three decades later? To that extent, the diary form can be likened to the experience of following a 'soap' serial: developments unfold in what feels like real time. However, as in 'soaps', there is no reliable narrative voice to point out that this or that would prove to be a turning-point, a mistake with far-reaching consequences, or conversely, a trivial matter despite seeming important at the time. This creates the illusion that we are forming judgements of this kind actively and autonomously, rather than being told what to think, though in fact the author is planting clues that determine how and when we can see more than the diarist.

Secondly, there is the question of intended readership: a diary like Pili's is written for herself rather than for a third party – as in an epistolary novel[9] – or the general public to read. This means there is no reason for her to try to show herself in a favourable light or otherwise self-censor for

---

[8] Imboden 2001: 32–3 classifies *Confidencias* with *La mujer fría* in a group where 'los personajes son estereotipos o caricaturas y todos ellos están fuertemente ironizados. El narrador, o bien toma una posición satírica frente a los personajes, o bien denuncia amablemente su superficialidad, su vanidad y su inmoralidad'. Though convincing as far as it goes, this over-simplifies *Confidencias* by disregarding how the diary form inflects our reception of the content. It seems harder to defend with reference to *La mujer fría*.

[9] This means a novel in the form of letters. The epistolary genre has immediacy and a sense of real time in common with the diary form, but differs from it in that letters are always addressed to someone and that may affect the writer's presentation of events and his or her feelings about them.

the sake of image. A particularly unvarnished self-portrait can therefore be expected to emerge and often does in *Confidencias*, but self-delusion remains a temptation to which Pili seems to succumb, meaning that again, what looks at first like overall reliability is often limited to reliably revealing the diarist's wish to delude herself in the interests of self-justification. Sometimes this is borne out by subsequent events, as when she implausibly claims near the beginning that she is wholly uninterested in extra-marital relationships; sometimes it can be surmised in the context, as when she 'forgets' to go to mass.

If these aspects of narration are peculiar to the diary form, others are shared with all first-person narrative and follow from the fact that we are confined to one person's perspective. What is misjudged by the narrator comes to us in that form, inviting us to read actively and try to see beyond her limited vision. How accurate and perceptive are Pili's opinions and interpretations of others' actions? How much, for example, does Felipe know or guess about her feelings for him and her affair with Manuel? How does Manuel feel about Pili and their relationship at different points in time? In particular, how much does he suffer when she loses interest in him? The game of piecing together clues scattered around the text that give us the impression we can see beyond Pili's limitations is arguably part of the pleasure of reading a first-person account like *Confidencias*. Thus, for example, when she discloses that she is beginning to feel more affection for Felipe, we enjoy the illusion that we have guessed ahead of her that her feelings for Manuel are cooling.

Do these questions of Pili's reliability as a narrator affect how sympathetic a character we consider her to be? Is this a text which invites all readers to take a particular side in the story or does it give each of us the freedom to form a personal opinion of the events and characters involved? If we dislike and disapprove of Pili, feeling little if any sympathy for her, whilst pitying Felipe and Manuel, are we reading against the grain of the text? If, on the contrary, we see her as a victim of the society of her time, trapped in a situation which was effectively unavoidable for someone of her background, can we still find her an unpalatable individual? If the answers to these questions are uncertain, what message, if any, is conveyed in *Confidencias*? Given that the story shows how widespread behaviour like Pili's is and that there is a fairly strong hint that Felipe may well be dallying with his secretary while she is out of the way during the first summer, it seems fair to conclude that the story is not meant to depict a uniquely dysfunctional marriage or one person behaving in an extraordinarily immoral fashion. On the contrary, the suggestion is that the spotlight is on one particular trio of characters, but almost any of the others would have yielded something depressingly similar. In other words, de Burgos is critiquing the socio-cultural flaws of her time: marriage conventions and the lack of divorce; the idealisation of feminine ignorance; hypocrisy, cynicism, and dishonesty in relationships; and especially the plight of women who are too lacking in education even to conceptualise what is wrong with their lives, let alone set about changing society for the better. All of this produces individuals who are unattractive, perhaps, but they are also pitiably ensnared by their background and surroundings, unable to see beyond them.

La mujer fría[10]

La mujer fría was first published on 25 March 1922 in a serial publication called *La Novela Corta*. This was a period in the author's life when she was reflecting upon the occult, had attended spiritualist séances, and was producing other fiction exploring related questions. The conclusion she reached was this:

> Nada es sobrenatural. Nada de lo que existe deja de ser natural puesto que existe. La ciencia no niega ni explica estos fenómenos. Lo único que se puede asegurar es que vivimos en medio de un mundo donde existen fuerzas desconocidas que nos importa estudiar. (Utrera (ed.) 1998: 376)[11]

As we shall see, this open-mindedness is reflected in *La mujer fría*, the essence of which resides in undecidability concerning the protagonist, Blanca, an extremely beautiful young widow with two peculiarities: her body temperature is below normal and her breath smells of death. The story narrates how she and a younger man, Fernando, fall in love, but when he comes to kiss her, he cannot overcome his revulsion on smelling her breath, dooming the relationship. It offers the reader two interpretive options which we shall now explore, one supernatural, one not, ingeniously maintaining them so that neither one precludes the other.[12]

---

[10] Part of the content of this section is developed from Lee Six 2013.

[11] This is in reference to her novel *O Retorno*, published the same year as *La mujer fría* (Núñez Rey 2005: 515 and 517) and described by the author as 'una novela espiritista' (Utrera (ed.) 1998: 376).

[12] Krauel (2003: 534) posits a different paradoxical binary, reading the story as articulating 'un espacio de tensión entre dos paradigmas discursivos que ejercen fuerza en sentidos opuestos (uno hacia el pasado, otro hacia el futuro)'. This complements my

A reading of *La mujer fría* as a supernatural tale rests upon the nature of Blanca, who shares many characteristics with literary vampires of earlier date[13] and prefigures some that came after her. Like them, her beauty is greater than a normal human's; indeed, de Burgos positions it in border territory between the animate and the inanimate: 'Su silueta toda y su carne eran la de una estatua' (p. 77). Fernando is enslaved by this to a seemingly supernatural degree: 'Era como si de las pupilas verdes se desprendiese una chispa fría y magnética que lo encadenase. No tenía vida ni voluntad más que para ella' (p. 92). Part of her attraction is her wealth and aristocratic bearing. Though she comes of humble stock, this is not the impression she gives, for her marriages have elevated her to the high social class traditionally associated with vampires.[14] Her luxurious attire, perfume, and household seem inseparable from her physical beauty: her eyes, for example, are matched by emeralds she wears and her white skin is complemented by white fur.

Blanca's evocation of a cadaver to the senses of touch and smell further suggests kinship with vampires and her epithet, 'la muerta viva' (p. 100 and *passim*), emphasises this. Moreover, she appears to visit death upon others: possibly her parents and second husband; more explicitly, her first husband and two children. Don Marcelo, characterised as a voice of reason, likens her to 'esas manzanas podridas que pudren a las que están en contacto con su mal' (p. 99), which accords with the theory of vampire narrative that reads it as contagion horror, reflecting real-life fears of sexually transmitted disease (Diehl 2011: 105). This association is underlined by the fact that it is a kiss which dooms the relationship with Fernando, for vampire stories recurrently blur the distinction between biting and kissing and both involve the exchange of bodily fluids.[15]

---

reading as drawing on the pre-existing vampire narrative tradition and moving it forward decisively through Blanca's characterisation as pitiable.

[13] This has been discussed by scholars such as Ragan (2003: 236). One is reminded, for example, of Ernst Raupach's Brunhilda in 'Wake Not the Dead' (1822) and Sheridan Le Fanu's 'Carmilla' (1872). The story, however, bears a far closer resemblance, albeit re-arranged to change its meaning in crucial ways, to 'El señor Cadáver y la señorita Vampiro' published in 1919 by a friend of de Burgos, Antonio de Hoyos y Vinent. The relationship between these two stories will be discussed in depth in a forthcoming publication.

[14] 'Aristocratic status and wealth ... afford access to properties remote and private – the ideal gothic setting – estates wherein one may indulge in dark practices ... cut off from scrutiny and normal moral conventions' (Morgan 2002: 180–1).

[15] Kissing is laden with metaphorical meaning beyond vampire fiction, of course, ranging from Biblical betrayal in the Judas kiss, to the spell-breaking kisses of fairy tales,

Vampires also embody otherness, evoking anxieties concerning its seductive qualities, and as such are often presented as alien beings coming 'here' and wreaking havoc, wherever 'here' may be for the setting and assumed readership of a specific text. Blanca comes from a remote, wild part of Spain, seen from the perspective of Madrid, which is the 'here' of this story; moreover, she is believed to have travelled to places as exotic as India and Egypt and has been married to two foreigners, presumably entailing experience of alien sexual mores with which she could now 'contaminate' the innocent Fernando. Setting the seal on Blanca's characterisation as vampiric is that she is a creature of the night. Whilst de Burgos avoids heavy-handedly making her unable to withstand daylight, she does present her in her element after dark. In her moonlit garden with Fernando, for example, Blanca ends the rendezvous thus: '¡Mi reloj de estrellas anuncia el amanecer ...! *Es preciso* separarnos' (p. 91; my italics). Moreover, moonlight gives 'tonalidades de violeta y plata' (p. 88) to the scene, precisely Blanca's colours. Taking all of these features of her characterisation together, Blanca's liminal status emerges powerfully, challenging the normally sacrosanct dividing-lines between life and death, organic and inorganic, as well as the person and her or his habitat, this last being a recurrent feature of Gothic villains, vampiric or otherwise.[16]

An interpretation of Blanca as supernatural is bolstered further through her association with other Gothic motifs: demonic possession was attributed to her by her grandmother, who tried repeatedly but in vain to have her exorcised as a child. Also dating from then, the way in which animals fled from her and plants she tried to tend soon died are literary commonplaces for evil supernatural characters. The implication is that these simpler organisms can sense malevolence, something for which civilised humanity has lost or denies its instinct. Paradoxically, perhaps, such evil beings are also routinely associated with certain animals such as bats and cats. Blanca embodies this paradox too for as well as frightening some animals, she is repeatedly likened to a reptile, particularly a snake: her gaze has hypnotic power and the perfume she wears is allegedly made from a lethal poison. Furthermore, one person comments that 'en los movimientos da aspecto de frialdad, se desliza' (p. 83); indeed, 'un hombre de ciencia' has sought to explain Blanca's low temperature

---

the latter actually crossing Fernando's mind. Krauel (2003: 532) privileges the latter, but the other connotations also resonate, albeit implicitly.

[16] For example, Dracula needs to transport his Transylvanian soil to England. See Lee Six 2006: 71–85, for more on Gothic villains blending with their environment.

by classifying her as 'un extraño organismo de reptil, de sangre fría, en el que ha encarnado una mujer' (both p. 98). Of all animals, to make Blanca snake-like is a particularly suggestive choice as it implies evil of Biblical stature, harking back to the misogynistic overtones traditionally placed upon the story of the Fall.[17]

Gothic villains, including antipathetic vampires, fail to attract pity not only because they are characterised as evil and depraved but also because we feel far sorrier for their victims. Blanca has her victims: as well as her parents, husbands, children, and Fernando, there is Edma, the girl abandoned by him when he falls under Blanca's spell. How, then, does de Burgos ensure that the balance is tipped in Blanca's favour, even if we accept the vampiric reading? Our sympathy is attributable to three factors: plot, characterisation, and narrative perspective. In the plot, the earlier victims are outside the period covered by the story and so remain sketchy; and Fernando can be assumed to return to Edma after fleeing from Blanca, offering them both a happy ending together. In characterisation, Edma remains an undeveloped, minor actor and, most importantly, in formal technique, the narrative is never presented from Edma's perspective, whereas de Burgos does provide access to Blanca's thoughts and feelings, which reveal the magnitude of her suffering. Thanks to this, we realise she is a victim herself, whether of some occult, evil force or being, certainly of accident of birth into a culture that cannot accept her otherness, envies her beauty, and resents her power and autonomy.

If the supernatural reading of Blanca features her being both human and animal, both beautiful and repugnant, the paradox that predominates is that she appears to be both animate and inanimate, with the latter presented now as a statue, now a cadaver, and on one occasion a mechanical doll. This last evokes E.T.A. Hoffman's Gothic story, 'The Sandman' (1816), where a man falls in love with what he takes to be a girl of extraordinarily perfect beauty, but which turns out to be a doll. The same motifs – but not necessarily with identical connotations – are to be found in classical and modern fiction too, ranging from Pygmalion and

---

[17] Dijkstra (1986: 305) asserts that 'among the terms to describe a woman's appearance none were [*sic*] more overused during the late nineteenth century than "serpentine," "sinuous," and "snake-like"'. Though *La mujer fría* post-dates this period, it is not too early for de Burgos's lifespan and besides, as Dijkstra observes (1986: 209), ideas dating from then influenced thinking well into the twentieth century. Also worth noting is that in 'Wake Not the Dead', the male protagonist is eventually killed, just when he thinks he has destroyed the vampire Brunhilda, by a woman who turns into a serpent, forging a specific link between vampires and snake-like women.

its re-workings to novels such as Ira Levin's *The Stepford Wives* (1972). The spine-chilling potential of the idea can be traced to anxieties recurrently exploited in horror genres: a person not being – or possibly not being, with the uncertainty making matters worse still – what she or he seems and the body without a soul, inter alia. Notions such as these are as relevant to the portrayal of Blanca as to her many predecessors, but de Burgos is ahead of her time in exploring how it feels to be and/or to be seen as such a creature, rather than presenting her only from the perspective of others.

To read the text as one which makes no demands on readers to accept the supernatural as verified remains entirely possible too, however. Then Blanca is a medical curiosity: her low temperature may be inexplicable in the present state of scientific knowledge, but does not necessarily entail cosmic evil. An internet search quickly reveals considerable natural variation in people's temperatures. Further variability is noted according to time of day, how temperature is measured, recent consumption of hot or cold food or drink, and for women, their menstrual cycle. As no details are given about the measurement of Blanca's temperature, it may simply be at the bottom of the normal range, but recorded as even lower due to one or more of the aforementioned factors. Moreover, it is not surprising that in a remote village at the dawn of the twentieth century, unexplained deaths are attributed to supernatural causes and a baby delivered from a dying or dead woman could attract much superstition, particularly if, as in Blanca's case, she happened to look and feel strange too. A child upon whom such fears are projected and who is subjected repeatedly to the trauma of exorcism could be so damaged that something as unremarkable as animals scampering off when she approached could be construed by her as 'proof' of supernatural evil within. Indeed, Don Marcelo, who narrates this, having been told it by Blanca herself, is sceptical. Endorsing his common-sense view, we note that when we meet her at home, Blanca has numerous lap dogs, who do not shun her but, on the contrary, follow her into the room.

A non-supernatural reading impacts upon our attitude to her non-surviving children. It has been asserted that de Burgos's grief at losing children of her own was deepened by guilt feelings that infant mortality was wholly the mother's fault (Bravo Cela 2003: 25–30). Be that as it may, Blanca's loss of two children, though downplayed, compounds the ambivalence of her characterisation: all the more evil if we read her as vampiric and assume their death to be deliberate and predatory; all the more unfortunate if we opt for the non-supernatural interpretation or read her vampirism as unchosen and unwanted.

What is described as 'el vaho frío y pestilente de un cadáver' (p. 91) on her breath can also be read as a natural affliction. That it is associated with death could be due to physiological causes, such as the rotting smell of half-digested food reflux, or be an image employed to stress its unpleasantness, reinforced by suggestion, when Fernando learns Blanca's epithet of 'la muerta viva' (p. 100).[18] Such a reading alters the meaning of the story, which then narrates the sad fate of a woman whose external beauty makes her extremely attractive, but whose internal complaint drives away all except those – and her first husband may be inferred to belong in this category – with the unsavoury, necrophilic tastes of the kind Baudelaire celebrated in *Les Fleurs du mal*.[19] Clearly, Blanca is not attracted to such men, but to what Don Marcelo calls 'sanos de cuerpo y de alma' (p. 100); indeed, Blanca reflects upon Fernando as she anxiously waits for him the night after the fateful kiss, thinking: 'Era sano de alma de tal manera, que esparcía en torno las sanidades y la alegría' (p. 103). In other words, she is attracted to men who are not sexually aroused, but, on the contrary, cannot transcend their revulsion at her smell. This reading produces an incisive socio-cultural critique: as Fernando struggles to overcome his disgust, he wonders: 'Acaso aquel olor ... no era más que el olor de su carne de mujer' (p. 109), evoking male fear of female physicality, already acknowledged obliquely via Don Marcelo's remark about Blanca's inability to grow plants: 'Son muchas las mujeres que ejercen esa mala influencia sobre las plantas. En mi país no se les deja entrar en los bancales y en los sementeros, sobre todo en ciertas épocas' (p. 99).[20] This highlights how prevalent such benighted beliefs still are in the 1920s. Moreover, Fernando's doubts over how women are 'supposed' to smell can be read as implicitly condemning the zeal with which young people of opposite sexes were kept physically apart before marriage, leading to avoidable misery

---

[18] It may also be an ironic reversal of the characterisation of Brunhilda of 'Wake Not the Dead', whose breath smells of violets and has the supernatural property of putting her prey into a trance so she can suck their blood. Though I have found no mention of de Burgos knowing this story, she may well have; it certainly has many resonances with her own. The association of smell with sexual power here and elsewhere in her writing anticipates its crucial symbolism in *Puñal de claveles*.

[19] Litvak (1979: 120) notes that 'Baudelaire legó al fin de siglo el tesoro afrodisíaco de los olores corporales' but adds that 'también Valle-Inclán habla de ello.'

[20] Ragan (2003: 252) concurs that in this text the author is 'exposing the male fear of the feminine', although she grounds her arguments differently.

and misalliances.[21] Finally, the fact that Blanca felt constrained to marry two men, neither of whom she loved, reflects the difficulties for women to survive economically without a man, difficulties the author overcame against the odds, but of which she was acutely aware.

In this reading, our first impression of Blanca is still that of a femme fatale, seeing her through the eyes of Madrid high society; she is still beautiful and seductive, still has an exotic past, still presents the threatening sexual and monetary independence of widowhood.[22] Such a non-supernatural reading is not, however, gritty realism, but also depends upon literary paradigms, as we shall now see. The non-supernatural danger she embodies materialises in a stand-off with Edma during the tea-party Blanca gives at home. Here, as with the vampiric reading, we see the author reconfiguring a misogynistic literary forerunner to suggest that Blanca – and by extension, any woman labelled a femme fatale – is a victim rather than a villain. On this occasion, she surprises her guests by wearing a high-necked black dress, creating an 'apariencia de cabeza cortada descansando en el negro pedestal' (p. 86). A femme fatale with a disembodied head recalls Salome, who used her powers of seduction to demand the head of John the Baptist on a plate, yet here we have Blanca with her own head seemingly detached from her body. Salome is not supernatural, but she blends with the vampiric and serpentine associations considered above; Dijkstra (1986: 385) asserts that in the fin-de-siècle period she became 'the archetypal image of woman as serpent'. His discussion of Oscar Wilde's characterisation of her in his 1893 play of that name offers striking parallels with Blanca: Wilde's Salome is, Dijkstra observes, equated 'with the moon, with vampirism, and with death', 'cold' and in one character's words, 'born "from the seed of the serpent," a reptile'

---

[21] See Establier Pérez 2000: 94. Noteworthy also is her discussion of de Burgos's novella of 1921, *Luna de miel*: 'siguiendo los cánones de la moral burguesa, la protagonista ... nunca ha gozado de un momento de familiaridad con Ricardo [el novio] que no estuviera celosamente vigilado por la autoridad materna. Este parece ser el origen de toda la cuestión, que podríamos concentrar en la obligación de compartir la intimidad con un individuo extraño ... de la noche a la mañana' (2000: 115–16). Beyond the culture-specific, Rich (1977: 34) analyses the widespread idea 'that the female body is impure, corrupt, the site of discharges, bleedings, dangerous to masculinity, a source of moral and physical contamination'.

[22] 'The widow ... [is an] emblem of a sensuality and power no longer restrained by father or husband ... [;] it is easy for her to be marginalised, scapegoated, made to carry societal projections and fears .... Not for nothing are these women frequently branded witches' (Sinclair 2001: 162). Witches and vampires are, needless to say, closely intertwined, with the former becoming the latter after death widespread in folklore.

(Dijkstra, 1986: 396). In Wilde too, a kiss is climactic, deathly, and bitter-tasting: 'I have kissed thy mouth' says Salome. 'There was a bitter taste on my lips. [...] Love hath a bitter taste ... But what matter?' (Wilde 1912: 82). However, if Wilde portrays a live woman exultantly kissing the lips of a dead man – the only one she claims ever to have loved – and not minding the taste of death there, indeed equating it with love, de Burgos has a live man kissing the lips of a deathly woman and recoiling in horror; where a woman demands a man's head on a plate in Wilde, a woman presents her own head on a pedestal in *La mujer fría*.[23] Thus, arguably, Blanca is simultaneously an emblem of predatrix and prey, victim of the power of her own beauty. This places her on a pedestal against her will, something we know since she has told Don Marcelo: 'Estoy deseosa ... de vivir mi vida sin que reparen en mí' (p. 79) and later says to Fernando '¡Oh, no me trates como a una diosa! Es preferible ser mujer. Si me vieras como a una divinidad, estaría perdida' (p. 90).

An even more striking non-supernatural literary echo than Salome derives from the ways in which de Burgos aligns Blanca with the hapless heroine who has been and remains on the cast-list of Gothic novels ever since their birth in the eighteenth century. Like them, she is motherless and beautiful; like them she is trapped, first in the mountains of her childhood, terrain repeatedly featured in Gothic classics; and then, in a loveless marriage to a French aristocrat who sounds much like a traditional Gothic villain: 'viejo, ... degenerado y sádico' (p. 99).[24] Finally, we realise, she is imprisoned not in a castle or crypt by an evil man like her foremothers but in a physical form – the vampiric persona of which the early Gothic heroines were the antithesis – that dooms her to lifelong unhappiness. As Don Marcelo says: 'le está vedado el amor. Nadie le ama más que mientras es una promesa' (p. 97). Fernando, who might have played the romantic hero who would rescue her, cannot do so for just this reason. Thus, de Burgos has combined two opposing types in Blanca – the supernatural vampire with the sympathetic human heroine – and the result makes her, if not the very first, at least among the first vampires we can pity, a stage in

---

[23] De Burgos admired Oscar Wilde and knew this play, as she discussed it with the actress, Margarita Xirgu, renowned for her performances in the title role (Utrera (ed.) 1998: 142 and 296).

[24] Establier Pérez (2000: 119) notes de Burgos's recurrent tendency to depict the aristocracy as degenerate. It is significant, in the light of this, that she placed Blanca outside this social class by birth, but squared the circle of needing her to fit with the Gothic vampire-type by bestowing the status upon her through marriage.

the figure's evolution often credited to Anne Rice decades later.[25]

When she tries to hold her breath while Fernando kisses her, but cannot do so for long enough to deceive him, is de Burgos suggesting that if Blanca is dead and rotting inside – whether literally or metaphorically – this is due to self-asphyxiation by cultural norms of femininity? Is she also warning that if men got what they think they want – a beautiful female so undemanding she is dead in some sense of the word[26] – they would discover that, as in the proverb, they should have been more careful what they had wished for? Is she appropriating in gender-reversed form the Frog Prince paradigm, thereby suggesting that unlike women, men are unable to transcend physical revulsion at bodily realities? Perhaps it is Fernando's self-deception in this regard that leads inexorably to the dénouement, for just before their last meeting 'se le aparecía Blanca como una princesa encantada de cuento de hadas, que sólo amaría a quien resistiese la prueba para hacer cesar el hechizo' (p. 104) but whilst there are plenty of stories of princesses who will only give their hand to the man who meets one or more challenges, these do not traditionally include overcoming revulsion towards their future bride, as stories with the genders reversed do.

Finally, Bieder (1992: 309) has identified as a hallmark of early twentieth-century Spanish literature that 'all individuals are perceived as imprisoned not only within their circumstances but within themselves. The center of dramatic tension', she continues, resides in 'internal spaces', which certainly applies to Blanca in both literal and figurative senses. However, Bieder also asserts that 'interiority is [conceptualised as] a male preserve'. Perhaps this is where de Burgos's subtlest yet strongest critique of patriarchy lies: by shifting to Blanca's perspective at the end, we are shown not only that women also suffer what Bieder calls 'psychic anguish', but that this is attributable to their type-casting in roles impossible for

---

[25] It has been asserted (Gelder 1994: 40) that the protagonist of Byron's 'The Giaour' (1813), is a pitiable vampire, which would give him first claim on the figure, but whilst this character's pitiability is beyond doubt, his classification as a vampire is not, for at the time of narration he is a living man on the receiving end of a curse to become a vampire and it is the horror that that contains for him from his human perspective which is pitiable. Whether the curse will be realised and how he will feel about being a vampire once he is one remains outside the scope of the poem. Other contenders, some pre-dating Anne Rice, are still post-de Burgos (for example, see Williamson 2005: 32). F.W. Murnau's classic *Nosferatu* film, which premiered the same year as *La mujer fría* was published, shows how dominant the unsympathetic characterisation of the vampire was at that time.

[26] Krauel (2003: 531) makes a similar point. Ragan (2003: 237–41) summarises the sources and implications of this.

living women to play convincingly in close-up for more than a moment – as long as they can hold their breath, in fact – and endeavouring to do so leads to nothing less than inner death.

Puñal de claveles

Puñal de claveles was first published in a periodical called *La Novela de Hoy* on 13 November 1931.[27] It narrates how Pura, who has agreed to marry an older man called Antonio, runs away with his young friend, José, just hours before the wedding. At the end of the story, they are heading for a boat to leave Spain and start their life together abroad and they seem to be far enough ahead of their likely pursuers to make a successful getaway.

De Burgos took the premise of *Puñal* from a recent sensational news report, known as the 'Crimen de Níjar', about a young woman who had also run away with another man just before she was due to marry.[28] This story, however, ended with the bride's brother-in-law being convicted of murdering the man with whom she had fled. Since Federico García Lorca's famous play, *Bodas de sangre* (written in 1932, premiered in 1933), took the same crime as its springboard alongside *Puñal de claveles*, it will be worth comparing the real-life facts with each literary work to see how the historical events generated first an optimistic fairy-tale and from there, a poetic tragedy.[29]

Both *Puñal* and *Bodas* retain the rural Andalusian setting with which the authors were familiar, having grown up there. This offers opportunities for presenting colourful local traditions which the two texts exploit: the play has beautiful singing for the wedding procession, for example;

---

[27] It is incorrectly listed by Núñez Rey (2005: 632) as volume 11 instead of 10 and as 12 November.

[28] For the author's account of reading the news story, see Utrera (ed.) 1998: 427.

[29] Lorca reportedly read *Puñal de claveles* just before writing his play and de Burgos knew of *Bodas de sangre* even though it had not yet been performed when she died; she seems to have taken it as a compliment that her work, along with the news story, inspired his (Utrera (ed.) 1998: 463–4). Apart from this claim by de Burgos herself, also mentioned in Núñez Rey's 'Postfacio' to her edition of *Puñal* (2010: 78), some circumstantial evidence of Lorca's sources including her work as well as the crime might be that in the first scene of *Bodas*, the mother reminisces about her late husband in a context suggesting his sexual desirability that to her he 'olía a clavel' and the second scene opens with a lullaby, the refrain of which is 'Duérmete, clavel, / que el caballo no quiere beber', a deft amalgamation of classic Lorquian horse imagery with what may well be a courteous acknowledgement offered to de Burgos. Comparisons of de Burgos's and Lorca's works that reach somewhat different conclusions from my own are Ortiz-Loyola 2007, Larson 2009, and Núñez Reyes 2010.

the short story provides rich detail on the clothing worn and the excitement planning the wedding. In de Burgos's case, it is not surprising that she should choose the landscape of her childhood for a narrative bathed in a golden glow like this one; indeed, the fact that the news story came from that part of Spain may be what drew her eye to it in the first place and captured her imagination powerfully enough to motivate her to build on it creatively and nostalgically. In her memoirs, she describes what she calls her 'querido valle de Rodalquilar' and refers to its 'vida primitiva y hermosa', acknowledging: 'Allí, con su rudeza salvaje, se moldeó mi espíritu en el ansia bravía de los efectos nobles, en los ideales de Justicia y Humanidad que trajeron a mi existencia la amargura de las tristezas y el dolor ajeno, allí cuajó en mi alma la llama de su sol en olas de arte y rebeldía' (Utrera (ed.) 1998: 171).[30] Her decision to return to where traditional values and lifestyles still prevailed for the setting of *Puñal* seems to reflect feelings of being left behind by contemporary urban life, she who had been so far ahead of her time twenty years before. She writes of her sense of being old-fashioned in her memoirs dated 1930, contrasting casual love affairs and couples kissing in the street with her own youth, when she says she would have been 'lapidado' for such behaviour and she counts herself among those who 'no sabemos desprendernos de la típica levadura sentimental de las españolas, que deseamos ser modernas pero no podemos dejar de tomar por lo serio los noviazgos' (both Utrera (ed.) 1998: 443).

De Burgos and Lorca choose to depart from the news story by making the bride physically desirable, when her real-life counterpart was lame and ugly by all accounts.[31] They also have in common that they keep but reshape in different ways the part played by financial interests. The real-life father, who had beaten his daughter so badly in infancy that she was left lame, damaging her marriage prospects, had settled a large dowry on her to compensate and it seems to have been this that led primarily to the crime. The man she was to marry was being supported by his brother, who had married one of the bride's sisters and it was this sister and brother-in-law who pursued the runaway lovers and attacked them, lethally in the

---

[30] De Burgos is referring to the setting of *Los inadaptados* (1909), but her feelings about her home territory are surely applicable to her return to that location for this text written at the end of her life.

[31] Calvache (1998: 3) describes her as 'alta, huesuda, desgarbada y coja'. Details of the real-life story are largely culled from here and two other articles on the same website: García 1985 and Torres 1987.

case of the fight between the two men; not quite in the case of the two women, for the bride, though left for dead, had in fact survived. Moreover, in real life the man who ran away with the bride was rumoured to have been motivated (probably goaded by his mother), by the dowry money he stood to bring to his family rather than because of any mad passion he felt for the bride.

De Burgos transforms these murky and unpoetic factors into a classic fairy-tale pattern: in *Puñal* it is the bridegroom who is rich but unattractive, as in 'Bluebeard', for example. Pura is a good prospect for him not only because she is young and pretty but also because the family is relatively well off. Similarly, Lorca makes the bridegroom rather insipid relative to the tremendous erotic magnetism of the lover, with the legitimate match agreeable to the two families because it will combine the ownership of their lands beneficially; as Leonardo's mother-in-law observes, 'se van a juntar dos buenos capitales' (I, 2). Indeed, we learn that Lorca's Novio (bridegroom) has waited three years, until he has been able to buy a vineyard, before considering it appropriate to propose to the Novia (bride) and it is clear that the Novia's former engagement to Leonardo was broken off for financial reasons. As he reminds her, '¿Quién he sido yo para ti? Abre y refresca tu recuerdo. Pero dos bueyes y una mala choza son casi nada. Esa es la espina' (I, 3). Thus, the clash of the hard-headed traditional foundations of marriage with sexual desire is central to all three stories – the true and both fictional ones – despite differences in the details of what these are.

This fits with the historical context:

> El matrimonio por conveniencia tiene que considerarse ... desde la perspectiva de las familias implicadas. Es conocida la gran importancia de los lazos matrimoniales en una política de consolidación familiar. ... El matrimonio de conveniencia es habitual en todas las clases sociales de la España de fines del siglo pasado. ...
> La razón del amor es de nula incidencia en esta política matrimonial. ... El matrimonio romántico, por amor, es un fenómeno reciente. (Nash 1983: 23–4)

Whilst more modern ideas – such as those expressed by Madrilenian Edma in *La mujer fría* almost ten years earlier – had evidently started to gain traction in the big cities, these would take far longer to percolate to rural Andalusia, as the narrator of *Puñal* makes clear, stating that Pura's mother 'deseaba consolidar su posición [de la familia] de labradores ricos con un enlace brillante para la hija' (p. 115) and giving no indication that this was considered outdated. Thus, the fairy-tale quality of de Burgos's story resides not only in the happy ending but in the very idea of two young people rejecting a marriage based on family interests and giving physical attraction precedence.

Puñal presents the bride's reasons for accepting the marriage proposal differently from a fairy-tale like 'Bluebeard' where we are told with tongue-in-cheek that once the girl discovered how wealthy this man was, she suddenly found his blue beard less ugly, implying that she is just as mercenary as her mother. Here, in keeping with de Burgos's lifelong campaign for women's education, Pura's acceptance is presented as the regrettable product of social and family pressures to marry and do so while still in the bloom of youth, combined with her naivete due to having been kept away from opportunities to learn about her own feelings in order to safeguard her virginity. Lorca, for his part, departs from the historical facts by having Leonardo, the lover, already married, leaving the bride in *Bodas* resigned to settling for second-best, until the irresistible temptation of running away with him is placed before her.

Crucially, the bride's moment of departure differs in de Burgos and Lorca, for Pura of *Puñal* flees with José before the wedding ceremony, whilst the Novia of *Bodas* has just married the Novio when she goes missing. This alters the nature of the act: a woman who runs away just before she is about to be married is likely to be received differently from a newlywed doing the same thing; thus, the happy ending for Pura and the tragic one for the Novia fit within the poetic logic of the plot of each work. In the unpoetic real-life story, the bride was not yet married when she ran away, but still suffered tragic consequences; it is noticeable that when Lorca decided to produce a tragic work from the story, he decided to alter the timing of the escape, whilst de Burgos's fairy-tale kept the timing but changed the ending.

Cases of this kind are 'muy comunes en Andalucía', explains the author in her memoirs and known as *raptos* (Utrera (ed.) 1998: 427), yet this one caught her eye for its novelistic resemblances. She does not elaborate, but for a writer who believed in women's right to independence, the inappropriateness of that term is striking: this woman – in her three incarnations – was not stolen or kidnapped, as *rapto* implies: she made her own decision to go and in the 'Crimen' and *Puñal*, she did so when she still had a right to.[32]

---

[32] Inexplicably, Rodríguez (1998: 393) classifies Pura as 'el arquetipo de la virgen perseguida, seducida y abandonada', when in fact none of these three adjectives applies.

The date of *Puñal* places it just one year before the author's death and after her relationship with Gómez de la Serna had ended so painfully. Thus, at the time of writing, de Burgos was acutely aware of the cruelties of real-life relationships, not only in a sensational news story like the 'Crimen de Níjar' but in the lives of numberless people whose romantic dreams, like her own, had not been realised, not lasted, or not worked out. Perhaps de Burgos's bitter recent experience had led to a certain ambivalence about the evolution of sexual ethics that she had lived through and maybe this helps to explain the plot of *Puñal*, whereby the betrothal is taken extremely seriously by all concerned and to flout it is shown as mattering greatly, in effect underlining the power of the passion between the lovers that they should do so. In enabling them to succeed in their bid to escape together, avoiding the bloodshed and the lifelong misery of the surviving bride found in the real-life story and retained by Lorca, de Burgos at the end of her writing career as well as this text, gives the implicit message that in fiction, if not in life – least of all, her own – dreams can come true and love can end happily ever after. If, as Aristotle posited, a tragedy leaves us purged, a fairy-tale dénouement like that of *Puñal de claveles* offers its readers what we all need at least as much and what the later Spanish writer, Juan Goytisolo (1988: 310), was to call an 'antídoto necesario de ... la realidad inicua.'[33]

An interesting precursor in this exercise of female agency is Emilia Pardo Bazán's protagonist of 'El encaje roto' (1897), who also walks away from a socially desirable match of her own volition at the very altar, though not in her case for another man, but only to escape marriage to this one. De Burgos, an admirer of Pardo Bazán, would probably have been familiar with this story, though I have found no reference to it in her writings. For the Novia's agency in *Bodas*, see III, 1: '(Leonardo:) ... te he de llevar conmigo. / (Novia:) ¡Pero ha de ser a la fuerza! / (Leonardo:) ¿A la fuerza? ¿Quién bajó / primero las escaleras? / (Novia:) Yo las bajé. / (Leonardo:) ¿Quién le puso / al caballo bridas nuevas? / (Novia:) Yo misma. Verdad. / (Leonardo:) ¿Y qué manos / me calzaron las espuelas? / (Novia:) Estas manos que son tuyas.'

33 Goytisolo's context is the large audience drawn by a storyteller in Marrakesh, whose tales depict a 'reino ideal donde la astucia obtiene la recompensa y la fuerza bruta el castigo, utopía de un dios equitativo de designios profundos y honrados' (*ibid.*). Núñez Rey (2005: 611) takes a different view of 'Puñal', reading it as 'un canto de esperanza' which was 'fiel a su sueño de un mundo mejor', rather than a fictional refuge from the cruel hand fate had dealt the author in her own love life, as I do.

Themes

Marriage

Rodríguez (1998: 390–1) asserts that 'el matrimonio mantiene su lugar central en la narrativa de finales del XIX y comienzos del XX tanto en España como en Inglaterra en la literatura femenina'; to that extent de Burgos is by no means unusual, for marriage is indeed one of her most recurrent preoccupations. Johnson (2002: 54 n.10) states that de Burgos 'was one of the vanguard era's most assiduous assailants of traditional marriage. As early as 1904 she launched a campaign in favor of divorce, and many of her novels deal with the legal and personal difficulties visited upon women trapped in marriage'.[34] This is borne out by all three of the stories in the present volume.

Confidencias depicts the life of a woman who is enduring an unsatisfactory marriage, surrounded by others in the same predicament: married respectably and keeping up appearances, but more or less discreetly involved in extra-marital relationships, with the complications and emotional damage on all sides that that generates. These other married women and their anecdotes confirm that Pili is just one victim of the regrettable consequences of traditional marriage conventions at the time. For example, in the 8 January entry, a friend explains her plan to marry her young lover off to a rich but unattractive woman so as to retain his affections for her while establishing his social position; this exposes part of what de Burgos sees as radically wrong with contemporary attitudes to marriage – love and sexual attraction being disregarded relative to money and social standing – for it shows that the older woman's own marriage leaves much to be desired and yet so resigned is she to the status quo that she unscrupulously and deliberately engineers another unhappy marriage for a man she presumably loves. It also contributes to the portrayal of Pili as a product of that same unattractive mindset, for she seems happy to call this woman a new friend, fails to criticise her plan and, on the contrary, regards it as demonstrating that women are worth taking seriously.

Blanca of *La mujer fría* married both of her husbands, neither of whom she loved, for lack of alternative ways to escape penury respectably for a penniless, uneducated orphan; Pura, the protagonist of *Puñal de claveles*

---

[34] In her analysis of another of de Burgos's stories, *El veneno del arte* (1910), Rodríguez (1998: 383–90) shows how de Burgos presents marriage as a compulsory straitjacket for homosexual men just as much as for the many unhappy wives in her fiction. Establier Pérez (2000: 93–118) devotes a whole chapter to de Burgos's critique of marriage.

almost goes through with a similar project: to marry a man considered a good match but whom she does not love either. Taken together, it is clear that whether it is a matter of undramatic, everyday life for couples who have nothing in common like Pili and Felipe and all their friends, or of more extraordinary cases like Blanca's and Pura's, de Burgos depicts marriage in Spain as fundamentally flawed and damaging to the lives of all concerned.

The Church

The problems arising from this, explored in all three of the stories in this volume as well as throughout her writing, are inseparable from de Burgos's critique of the power of the Roman Catholic Church in Spain. Implicitly or explicitly, this is shown as a major obstacle to the social reforms which she advocated, including but not limited to divorce. We should not be surprised, therefore, by the negative depiction of Pili's confessor in *Confidencias*,[35] nor by the implicit condemnation of her education by nuns: she has been taught a certain kind of handwriting and a few other relatively unimportant skills, but remains a shallow and rather empty-headed woman, ill-equipped to deal intelligently with the difficult situation in which she finds herself.[36] The extent to which Blanca of *La mujer fría* could have been emotionally damaged by repeated exorcisms as a child is left unexplored but, as we have seen, could have much to do with her anxieties as an adult, and Edma's spirited resistance to the traditional notion that young marriageable girls should be kept in as much ignorance as possible concerning physical desire and its triggers adds to the generalised critique of a culture underpinned by Catholic teachings.

This socio-sexual idealisation of feminine ignorance, disguised as innocence, is more explicit elsewhere in de Burgos's fiction, including, for example, her polemical story called *El artículo 438*, where the victim is

---

[35] It is worth noting in connection with this, alongside the confessional tone of *Confidencias* as a whole, that the author opens her memoirs asserting that confession is a human need, but one which she has met through confiding in 'personas queridas' or using her writing for the purpose, for 'Claro que no se me ha ocurrido nunca ir a contarle las exquisiteces más íntimas de mi ser a un señor vulgar e indiferente por entre la rejilla de un confesionario' (Utrera (ed.) 1998: 13).

[36] In her memoirs, de Burgos explains her choice of school for her daughter, the newly opened Instituto Internacional, which she favoured partly because there was no religious education on the curriculum, despite the role of Ursuline nuns there and despite admitting that 'tanto había ironizado sobre las monjas en alguno de mis libros' (Utrera (ed.) 1998: 217).

from a 'familia distinguida' and has been raised accordingly, 'de la manera que se acostumbra a educar las hijas en Andalucía. Sus padres ... habían procurado que la niña tuviera una ignorancia absoluta de todas las cosas del mundo' (de Burgos 1921: 12).[37] Similarly, in *Puñal de claveles*, the suffocating prevailing attitudes to girls' and women's propriety, chastity, and the behaviour demanded of them accordingly are presented as a feature of traditional Andalusian culture but it is hard not to see that as inextricably bound up with the influence of the Church there. In this regard, it is noticeable that in her travel writing de Burgos comments positively on very different ideas she encountered in non-Catholic countries, such as Sweden. Indeed, the seemingly happy ending of *Puñal de claveles* dramatises what Daganzo-Cantens (2010: 49) asserts about the author's attitude to love and marriage, gleaned from her travel writings: 'El ataque que hace la autora es contra el matrimonio católico tradicional. [...] Proponía el amor puro y sincero y una religión primitiva fundada en la igualdad entre los individuos ... en unión perfecta con la naturaleza.' She reaches the following conclusion, worth quoting at length:

> Carmen de Burgos no estaba en contra de la Religión con mayúsculas, sino en contra de la jerarquía eclesiástica católica, puesto que no sólo cometía discriminación ... de clase, sino que discriminaba a la mujer y suponía un freno para el progreso. Cree que uno de los problemas fundamentales del atraso de la mujer española era la marcada religiosidad de las mujeres. Esta religiosidad ilógica y antinatural suponía una cerrazón a la modernidad y era la causa más obvia del retraso y de la subordinación de la mujer. [...] Ataca al poder eclesiástico por ser el causante de la mala educación de las mujeres. [...] El primer paso para la modernización de España, según de Burgos, era la eliminación del poder que la Iglesia ejercía ... en las instituciones educativas. (Daganzo-Cantens 2010: 46–7)

Feminine Agency

A recurrent feature of Carmen de Burgos's women characters is that they are not prepared to be passive but resolutely exercise agency even when this is considered scandalous, rebellious, or immoral. When Pili commits adultery, she writes in her diary not that she was seduced or led astray, but: 'Me he entregado con toda decisión' (p. 50). Blanca also decides to take positive action to get to know Fernando: 'Fue por acercarse a él por lo que le había hablado al viejo senador de sus sobrinas y por lo que quiso

---

[37] The title refers to the law, still in force at that time, which condoned husbands' crimes against unfaithful wives and their lovers. Similar observations regarding *El perseguidor* are made in Zubiaurre (2003: 68).

ir a tomar el té en su casa e invitarlas después a la suya' (p. 102). And Pura chooses to run away with José when she says 'Voy contigo' (p. 141), notwithstanding his conventional mindset which conceptualises events as a theft committed by him against the bridegroom. Not only in these stories, but time and again in de Burgos's fiction, we see women standing up to other characters – male and female – with a more traditional outlook, one that expects women to be submissive and malleable, and instead demanding and seizing decision-making power, sometimes at very high personal cost.

Aesthetic considerations

Although she made no secret of her views in many controversial areas nor of her wish to win others over through her fictional and non-fictional writing, it would be a mistake to underestimate the importance Carmen de Burgos attached to the aesthetic qualities of fiction, including her own. She argues that whilst 'la novela, sin apartarse de la realidad, puede ser la educadora y la maestra de toda una época' it should also have the following qualities:

> pintar la vida con todo su claro oscuro, empleando la forma más bella de expresión, ... entrar en el alma de los seres y sorprender el alma de las cosas, ... fijar en las páginas de un libro el ambiente de un campo o de una sociedad, no retroceder ante las crudezas ni buscarlas con deleite, saber que el mal existe, pero no complacerse en él. (Letter to Salvador Canals dated 1911. Utrera (ed.) 1998: 200–1)

Her eye for the small detail that speaks volumes, her ear for dialogue, her creative and evocative use of imagery, and her appeal to all five senses in her descriptive passages are only some of the features that characterise her diction. Let us now turn to the texts themselves to see how this credo to combine a moral message with aesthetic sensitivity and psychological insight plays out.

Chronology

De Burgos's life and relevant publications	selected literary landmarks	selected historical and cultural landmarks
1867 (10 Dec.): born		1868: Glorious Revolution (Spain)
	1876–77 : Benito Pérez Galdós, *Gloria*	
	1877: Leo Tolstoy, *Anna Karenina*	
	1879: Henrik Ibsen, *A Doll's House*	
	1884–85: Leopoldo Alas, 'Clarín', *La Regenta*	
	1886: Emilia Pardo Bazán, *Los pazos de Ulloa*	
	1888: Rubén Darío, *Azul*	
	1892: Charlotte Perkins Gilman, 'The Yellow Wall-paper'	
	1893: Oscar Wilde, *Salome*	
1895: birth of only surviving child, María	1897: Emilia Pardo Bazán, 'El encaje roto'; Bram Stoker, *Dracula*	
1898: obtains teaching qualification	1898: Emile Zola, 'J'accuse'	1898: end of Spanish Empire in Latin America with loss of Cuba
		1900: Sigmund Freud, *The Interpretation of Dreams*
	1902: Ramón del Valle-Inclán, *Sonata de otoño*	
1903: adopts pen-name of Colombine		
1904: *El divorcio en España*	1904: Pío Baroja, *Aurora roja*	

De Burgos's life and relevant publications	selected literary landmarks	selected historical and cultural landmarks
	1905: Edith Wharton, *The House of Mirth*	
		1906: women's suffrage granted Finland (first European country to do so)
		1907: Pablo Picasso, *Las señoritas de Avignon*
1908: meets Ramón Gómez de la Serna		
1909: founds Alianza Hispano-Israelita; goes to North Africa as first female on-the-spot war reporter		1909: *Semana Trágica* in Catalonia
		1909–27: series of armed conflicts between Spain and Morocco
1910: *El veneno del arte*		1910–20: Mexican Revolution
	1912: Thomas Mann, *Death in Venice*	
	1913: George Bernard Shaw, *Pygmalion*	
	1913–27: Marcel Proust, *A la Recherche du temps perdu*	
		1914–18: First World War
		1915: Einstein's theory of relativity
1917: *El perseguidor*	1917: Ramón Gómez de la Serna, *Greguerías*	1917: Russian Revolution; J. Gordon Edwards, *Cleopatra*
1919: *Los negociantes de la Puerta del Sol*		
1920: *Confidencias*	1920: D.H. Lawrence, *Women in Love*	

De Burgos's life and relevant publications	selected literary landmarks	selected historical and cultural landmarks
1921: *El artículo 438*	1921: Miguel de Unamuno, *La tía Tula*	
1922 (25 March): *La mujer fría*	1922: James Joyce, *Ulysses*	1922 (17 Feb.): F.W. Murnau, *Nosferatu*; start of Primo de Rivera dictatorship
	1924: André Breton, *First Surrealist Manifesto*; Pablo Neruda, *Veinte poemas de amor y una canción desesperada*	
	1925: Franz Kafka, *The Trial*	
	1926: F. Scott Fitzgerald, *The Great Gatsby*	
1927: *La mujer moderna y sus derechos*		
	1928: García Lorca, *Romancero gitano*	1928: women's suffrage granted GB; 'Crimen de Níjar' committed
1929: end of relationship with Gómez de la Serna	1929: Virginia Woolf, *A Room of One's Own*	1929: Luis Buñuel and Salvador Dalí, *Un Chien andalou*
	1930: José Ortega y Gasset, *La rebelión de las masas*	
1931: *Puñal de claveles*		1931: Spanish Republican Government elected; women's suffrage granted Spain
1932 (9 Oct.): death	1932: Aldous Huxley, *Brave New World*	1932: civil marriage and divorce legalised in Spain (later repealed by Franco regime. Divorce re-legalised only in 1981)

Note on editions

The texts reproduced in this volume are based on the first editions, with only typographical errors corrected and some spellings modernised. Italics are as in the original publications. Versions of the texts published subsequently and found online diverge somewhat from the first editions; mostly, the variations are minor, but even seemingly unimportant changes to prepositions, punctuation, or paragraph breaks affect meaning, emphasis, or the reading experience and so the texts in the present volume respect the original wording and presentation.

Select bibliography

Works by Carmen de Burgos

1917 'El perseguidor', in Carmen de Burgos, 'Colombine' (1989), *La flor de la playa y otras novelas cortas*, ed. by Concepción Núñez Rey, Madrid, Castalia, 271–308.

1920 *Confidencias*, *Los Contemporáneos*, 12.623 (30 December) <www.cervantesvirtual.com/buscador/?numresult=&orden=ponderacion&field1=oobr&search1i=confidencias&search1v=&op1=and&field2=autor&search2i=Burgos%2C+Carmen+de%2C+1879-1932&search2v=3386&op2=and&field3=clave&search3i=&search3v=&op3=and&fielf4=clave&search4i=&search4v=&tipo=#posicion> [accessed 1 January 2015].

1921 *El artículo 438* <www.bibliotecavirtualdeandalucia.es/catalogo/catalogo_imagenes/imagen.cmd?path=1008883&posicion=1> [accessed 14 January 2015].

1922 *La mujer fría*, *La Novela Corta*, 7.328 (25 March) </www.bibliotecavirtualdeandalucia.es/catalogo/consulta/registro.cmd?id=6153> [accessed 1 January 2015].

1931 *Puñal de claveles*, *La Novela de Hoy*, 10.495 (13 November).
'Puñal de claveles', in Carmen de Burgos, 'Colombine' (2009), *Quiero vivir mi vida (novela); Puñal de claveles (cuento)*, ed. by Susan Larson, Doral, FL, Stockcero, 247–84.
Puñal de claveles, ed. by Concepción Núñez Rey (2010), Biblioteca Virtual de Andalucía (Sevilla, Junta de Andalucía/Consejería de Cultura, 2010) <www.juntadeandalucia.es/cultura/bivian/media/flashbooks/lecturas_pendientes/punal_de_claveles/files/carmen%20de%20burgos.pdf> [accessed 1 January 2015].

1998 *Memorias de Colombine: la primera periodista*, ed. by Federico Utrera, Madrid, Hijos de Muley Rubio.

Works on Carmen de Burgos

Arbona Abascal, Guadalupe (2010), 'Los cuentos de Carmen de Burgos publicados en *La Esfera: Ilustración Mundial* (1914–1930)', *Arbor*, 186, special issue, 85–93.

Bravo Cela, Blanca (2003), *Carmen de Burgos (Colombine): contra el silencio*, Madrid, Espasa-Calpe.

Daganzo-Cantens, Esther (2010), *Carmen de Burgos: educación, viajes y feminismo (la educación y el feminismo en los libros de viajes de Carmen de Burgos a Europa)*, Jaén, Universidad de Jaén.

Establier Pérez, Helena (2000), *Mujer y feminismo en la narrativa de Carmen de Burgos 'Colombine'*, Almería, Instituto de Estudios Almerienses/Diputación de Almería.

Imboden, Rita Catrina (2001), *Carmen de Burgos: 'Colombine' y la novela corta*, Bern, Peter Lang.

Krauel, Ricardo (2003), 'Hacia una redefinición de la sensualidad femenina en la modernidad: La mujer fría de Carmen de Burgos', *Bulletin of Hispanic Studies*, 80, 525–36.

Larson, Susan (2009), 'Introducción', in Carmen de Burgos 'Colombine', *Quiero vivir mi vida (novela); Puñal de claveles (cuento)*, ed. by Susan Larson, Doral, FL, Stockcero, vii–xviii.

Lee Six, Abigail (2013), 'Carmen de Burgos, "La mujer fría": the first pitiable vampire?', in *Visiones de lo fantástico en la cultura española (1900–1970)*, ed. by David Roas and Ana Casas, Benalmádena (Málaga), EDA Libros, 29–42.

Núñez Rey, Concepción (1989), 'Introducción', in Carmen de Burgos, 'Colombine', *La flor de la playa y otras novelas cortas*, ed. by Concepción Núñez Rey, Madrid, Castalia, 9–75.

Núñez Rey, Concepción (2005), *Carmen de Burgos, 'Colombine', en la Edad de Plata de la literatura española*, Sevilla, Fundación José Manuel Lara.

Núñez Rey, Concepción (2010), 'Postfacio', in Carmen de Burgos, *Puñal de claveles*, ed. by Concepción Núñez Rey, Biblioteca Virtual de Andalucía, Sevilla, Junta de Andalucía/Consejería de Cultura, 60–80 <www.juntadeandalucia.es/cultura/bivian/media/flashbooks/lecturas_pendientes/punal_de_claveles/files/carmen%20de%20burgos.pdf> [accessed 1 January 2015].

Ortiz-Loyola, Beatriz (2007), '*Bodas de sangre* de Federico García Lorca y *Puñal de claveles* de Carmen de Burgos: dos versiones de una misma historia', *Journal of the Céfiro Graduate Student Organization*, 7.1 and 7.2, 61–77 <dialnet.unirioja.es/descarga/articulo/2934772.pdf> [accessed 6 February 2015].

Ragan, Robin (2003), 'Carmen de Burgos's "La mujer fría": A Response to Necrophilic Aesthetics in Decadentist Spain', in *Disciplines on the Line: Feminist Research on Spanish, Latin American, and U.S. Latina Women*, ed. by Anne J. Cruz, Rosilie Hernández-Pecoraro, and Joyce Tolliver, Newark, DE, Juan de la Cuesta, 235–55.

Rodríguez, María Pilar (1998), 'Modernidad y feminismo: tres relatos de Carmen de Burgos', *Anales de la Literatura Española Contemporánea*, 23, 379–403.

Zubiaurre, Maite (2003), 'Double Writing/Double Reading Cities, Popular Culture, and Stalkers: Carmen de Burgos' "El perseguidor"', *Revista Hispánica Moderna*, 56, 57–70.

Other works cited

Bieder, Maryellen (1992), 'Woman and the Twentieth-Century Spanish Literary Canon. The Lady Vanishes', *Anales de la Literatura Española Contemporánea*, 17, 301–24.

Black, Annetta, 'Catherine de Medici's Chamber of Secrets', <www.atlas obscura.com/places/catherine-de-medicis-chamber-secrets> [accessed 20 February 2015].

Bravo, Julio, 'Cien años del estreno de "Pigmalion" [*sic*] de Bernard Shaw', <www.abc.es/cultura/teatros/20140412/abci-centenario-estreno-pigmalion-201404111629.html> [accessed 15 April 2014].

Calvache, Virginia (1998), '*Bodas de sangre*: la verdadera historia', *La Revista*, 11 January, <www.culturandalucia.com/ALMER%C3%8DA/El_crimen_de_Nijar_ Almeria.htm> [accessed 30 April 2014].

Davies, Catherine (1998), *Spanish Women's Writing 1849–1936*, London and Atlantic Highlands, NJ, Athlone.

Diehl, Laura Ann (2011), *Estranging Science, Fictionalizing Bodies: Viral Invasions, Infectious Fictions, and the Biological Discourses of 'the Human', 1818–2005*, Charleston, SC, Bibliolabs.

Dijkstra, Bram (1986), *Idols of Perversity: Fantasies of Feminine Evil in Fin-de-Siècle Culture*, Oxford and New York, Oxford University Press.

García, Ángeles (1985), 'El origen de una tragedia: el luto sigue en Almería' <www.culturandalucia.com/ALMER%C3%8DA/El_crimen_de_Nijar_Almeria.htm> [accessed 30 April 2014].

García Lorca, Federico (1980), *Bodas de sangre* [1933], ed. by H. Ramsden, Manchester, Manchester University Press.

Gelder, Ken (1994), *Reading the Vampire*, London and New York, Routledge.

Goytisolo, Juan (1988), *Makbara* [1980], Barcelona, Círculo de Lectores.

de Hoyos y Vinent, Antonio (1919), 'El señor Cadáver y la señorita Vampiro', in *Del huerto del pecado: cuentos*, Madrid: Renacimientos, 83–100.

Johnson, Roberta (2002), 'Women Novelists of the Vanguard Era (1923–1952)', in *Women's Narratives and Film in Twentieth-Century Spain: A World of Difference(s)*, ed. by Ofelia Ferrán and Kathleen M. Glenn, New York and London, Routledge, 40–55.

Kirkpatrick, Susan (2011), 'Women as Cultural Agents in Spanish Modernity', in *A Companion to Spanish Women's Studies*, ed. by Xon de Ros and Geraldine Hazbun, Woodbridge, Tamesis, 227–41.

Krick, Jessa (2000), 'Charles Frederick Worth (1825–1895) and The House of Worth', in *Heilbrunn Timeline of Art History*, New York, The Metropolitan Museum of Art <www.metmuseum.org/toah/hd/wrth/hd_wrth.htm> [accessed 25 August 2014].

Lee Six, Abigail (2006), *The Gothic Fiction of Adelaida García Morales: Haunting Words*, Woodbridge, Tamesis.

Litvak,, Lily (1979), *Erotismo fin de siglo*, Barcelona, Bosch.

Mahe, Yvette, 'History of Couture: Jeanne Paquin (1869–1956)' <www.fashionintime.org/history-couturejeanne-paquin-18691956> [accessed 25 August 2014].

Mangini, Shirley (2001), *Las modernas de Madrid*, Barcelona, Península.

Márquez Morant, Jaime (2014), 'La moda femenina en la España del siglo XIX' <www.academia.edu/6310007/LA_MODA_FEMENINA_EN_LA_ESPA%C3%91A_DEL_SIGLO_XIX> [accessed 28 January 2015].

Martín Gaite, Carmen (1994), *Usos amorosos de la posguerra española*, Barcelona, Anagrama.

Morgan, Jack (2002), *The Biology of Horror: Gothic Literature and Film*, Carbondale and Edwardsville, Southern Illinois University Press.

Nash, Mary (1983), *Mujer, familia y trabajo en España (1875–1936)*, Barcelona, Anthropos.

Pardo Bazán, Emilia (1897), 'El encaje roto' <http://lrc.wfu.edu/spa217/docs/Siglo%20XVII-XIX%20-%20Emilia%20Pardo%20Bazan%20-%20El%20Encaje%20Roto.pdf> [accessed 14 January 2015]

Rich, Adrienne (1977), *Of Woman Born: Motherhood as Experience and Institution*, London, Virago.

Sinclair, Alison (2001), *Uncovering the Mind: Unamuno, the Unknown and the Vicissitudes of Self*, Manchester, Manchester University Press.

Sutherland, N. M. (1978), 'Catherine de Medici: The Legend of the Wicked Italian Queen', *The Sixteenth Century Journal*, 9.2, 45–56.

Torres, Antonio (1987), 'La novia de *Bodas de sangre* falleció en Níjar', *El País*, 10 July <http://www.culturandalucia.com/ALMER%C3%8DA/El_crimen_de_Nijar_Almeria.htm> [accessed 30 April 2014].

de Urioste Azcorra, Carmen (1997), *Narrativa andaluza (1900–1936): erotismo, feminismo y regionalismo*, Sevilla, Universidad de Sevilla.

Virgil, *Aeneid*, Book III < http://www.thelatinlibrary.com/vergil/aen3.shtml> (Latin text); <www.bibliotecasvirtuales.com/biblioteca/otrosautoresdelaliteraturauniversal/Virgilio/LaEneida/Libro%20III.asp> (Spanish text) [both accessed 17 February 2015].

Wilde, Oscar (1893), *Salomé: Drame en un acte* <http://gallica.bnf.fr/ark:/12148bpt6k114969s/f83.image> [accessed 17 February 2015].

Wilde, Oscar (1912), *Salome: A Tragedy in One Act* [1894], New York, Bodley Head <http://archive.org/stream/salometragedyino00wilduoft/salometragedyino00wilduoft_djvu.txt> [accessed 6 February 2015].

Williamson, Milly (2005), *The Lure of the Vampire: Gender, Fiction and Fandom from Bram Stoker to Buffy*, London and New York: Wallflower Press.

Other internet sources cited

'Brunhilde (about 545–613): Queen of the Franks', <http://womenshistory.about.com/library/bio/blbio_brunhilde.htm> [accessed 25 August 2014].

'Catherine de Medici (1519–1589)' <www.bbc.co.uk/history/historic_figures/de_medici_catherine.shtml> [accessed 20 February 2015].

'Gran Teatre del Liceu: Plano' <www.liceubarcelona.cat/es/localidades-y-abonos/plano.html> [accessed 20 February 2015].

'John Redfern: 1853–1929' <http://headtotoefashionart.com/john-redfern-1853-1929> [accessed 25 August 2014].

'Marie Charlotte of Saxe-Coburg-Gotha, Charlotte of Belgium (1840–1927): ex-Empress of Mexico' <www.napoleon.org/en/reading_room/biographies/files/479869.asp> [accessed 17 February 2015].

'Preparación casera de conservas de frutas' <http://inta.gob.ar/documentos/manual-de-conservas-caseras/at_multi_download/file/10.%20Manual%20de%20conservas%20caseras.pdf> [accessed 26 January 2015].

'Teatro María Guerrero' <www.xn--espaaescultura-tnb.es/es/espacios_culturales/madrid/teatro_maria_guerrero.html> [accessed 20 February 2015].

'The Plume Hunter: Sunday, December 11, 2011' <http://inkup.blogspot.co.uk/2011/12/plume-hunter.html> [accessed 18 February 2015].

'Tiempo de emperatrices IV: Carlota, la pobre emperatriz loca' <https://aldogal.wordpress.com/2012/08/23/tiempo-de-emperatrices-iv-carlota-la-pobre-emperatriz-loca> [accessed 17 February 2015].

Confidencias

8 Julio.[1]

Mi marido es tan bueno, que no hallaría placer en engañarlo, y, sin embargo, merecería que lo engañase por esta indiferencia que su ilimitada confianza en mí le hace tener. Está tan persuadido de que le amo, que aunque yo le dijese lo contrario, no lo creería. Lo que me hace respetarle más es el verlo tan feliz. Respeto su felicidad... Además, ¿valdrá alguno de los otros más que él? No lo sé; pero la prueba es muy arriesgada. No creo capaz a ninguno de mantener muchos años la ilusión;[2] es más difícil conservar que conquistar. Indudablemente, al marido le conservamos mejor. ¡Hay tantas celadas en el hogar! Cuando se observan los pequeños gustos, y se cultiva el egoísmo, se tiene mucho conseguido. A veces un marido piensa con cariño en su esposa, sueña con el descanso y la felicidad que experimenta a su lado, y no se da cuenta de que ella lo ha acostumbrado a ponerse las zapatillas. ¡Está tan a gusto en zapatillas! Además, el marido que se cansa respeta...; los otros...[3] Tengo demasiado orgullo para hacer la prueba..., y, sin embargo, hay tentaciones. Elena[4] me decía que el encanto de los amores está en *la caída*... Ella está radiante, feliz, satisfecha, y debe haber tenido muchas caídas... Decididamente, esta soledad entre el campo y el mar no es buena consejera para mí.[5] Felipe ha hecho mal en dejarme venir sola. Pero no había otro remedio para satisfacer mi capricho. Él tiene que trabajar. Es preciso dejarle que trabaje... ¡Pobrecillo, ahora estará haciendo números en aquellos libros tan grandes! ¡Qué cosa más terrible son los números! Tan pocos, y capaces de tantas combinaciones.[6] Él también está solo... No sé por qué, me acuerdo con inquietud de la señorita mecanógrafa. Son molestas esas señoritas mecanógrafas. Hay en cada una de ellas la amante posible del

---

[1] The date appears in this form in the original publication. However, '8 de julio' would be the standard form.

[2] *Ilusión* in this context means 'enthusiasm' or 'excitement' concerning one's partner. Her observation ironically prefigures the way in which she will lose interest in her lover in a matter of months.

[3] 'Moreover, a tired husband is respectful...; other men...'. The implication is that a tired husband will not make excessive sexual demands on his wife, a plus in Pili's social context where wives are expected not to be physically attracted to their husbands.

[4] Notice how the realist illusion of the diary form is maintained by not explaining who Elena and other characters mentioned later are, since this is unnecessary if Pili is writing for herself.

[5] 'This isolation surrounded by open country and the sea is clearly leading me astray.'

[6] Already in this first entry one is made aware of the narrator's lack of education.

dueño de la casa o la novia que se casa con el primer dependiente.

Pero en todo caso son unas amantes poco temibles. No ocupan tiempo ni cuestan dinero. Además están siempre tan serias. No tienen risas.

Si fueran francas, muchas mujeres confesarían que lo que más sienten de los devaneos de sus maridos es el dinero que les cuestan... Además, los amores con las empleadas quedan envueltos en el misterio; no le ponen a uno en ridículo... ¡ Pero no sé por qué, a pesar de todo, me inquieta la mecanógrafa!

* * *

12 Julio.

Tengo el alma llena de mar y cielo; paso el día al aire libre, respirándolo con avidez; este aire de los pinares y de la playa es *comestible*; tiene un sabor frutal; yo lo saboreo con la delicia con que saborearía un bombón. Me he vuelto golosa de aire.

De noche dejo mi balcón abierto; ¡tanto como le he hecho sufrir al pobre Felipe obligándole a tener los balcones cerrados!... Me entrego por completo a la delicia del aire. Es como una mano que acaricia y despeina la cabellera. ¡Qué goce tan intenso es ese de la cabellera revuelta y acariciada por el aire![7] Es como si los cabellos tuviesen algo de vegetal. Yo misma creo que siento *mi raíz* en la tierra. Todos los poros beben el aire ansiosos...; son como infinitas bocas que besan...

A pesar de los guardas y de los perros del jardín, tengo siempre miedo de que entre por ese balcón un hombre... Pero a veces quisiera dar orden de que atasen los perros y se fueran los guardas a descansar... ¡Debe ser tan intensa la emoción de las caricias brutales, que paraliza el miedo. No he leído una novela en la que de cada sorpresa no haya nacido un hijo... Le gustaría tanto a Felipe que tuviéramos un hijo. Ya se va haciendo viejo;

---

[7] This image prepares the reader for the admission in the next paragraph that she finds the idea of a man breaking into her bedroom and attacking her sexually exciting, albeit hedged with some ambivalence. Although this may seem shocking, de Burgos tempers that possible reaction in two ways: first, she shows how Pili takes the idea from romantic fiction, rather than any knowledge of frightening real-life crimes, and we have already seen that she is an uneducated and perhaps rather foolish woman; second, she reveals how much older her husband is, suggesting her lack of physical attraction for him, which could fuel her appetite for far-fetched fantasy. The personification of the breeze anticipates the imagery of Federico García Lorca's poem 'Preciosa y el aire' (1926) in his *Romancero gitano* (1928), in which a young gypsy girl is on the receiving end of the wind's lechery.

tiene cerca de diez y ocho años más que yo; eso le rejuvenecería... ¿No tendrá Felipe algún hijo?

* * *

15 Julio.

Una mala noche, por la influencia de la niebla, sin duda. Soñé apasionadamente con Felipe. Esta mañana, a impulso de ese recuerdo, le he escrito una carta enamorada. ¿Era para él? ¿Era para mi amante ideal? No sé; pero puse en ella su nombre, y él será feliz. Yo quiero que Felipe sea feliz.

Aquí está interrumpido el diario.[8] Hay un retrato, un retrato dedicado, con la letra picuda de las ursulinas:[9] «A mi querido esposo, su Pili.» Es una mujer de estatura regular, de formas redondeadas, muelles y rítmicas. Sentada, con las piernas cruzadas una sobre otra y los brazos descansando sobre la rodilla, aparece en una actitud íntima y abandonada. Tiene los pies pequeños, la pierna delgada en el tobillo y los brazos muy bien formados y muy blancos. Su manecita es carnosa. No es una mano noble y distinguida, pero es una mano mórbida y blanda que da deseo de caricias.

No se puede juzgar bien del rostro. Parece más graciosa que bella. Los ojos son grandes, un poco dormidos, ojos de tristeza y de ensueño, llenos de sensualidad, como la boca, carnosa, fresca, entreabierta, que debe tener siempre los labios húmedos. La cabellera es opulenta y rizosa; ¿de qué color? Debe ser castaño claro, color tabaco, como los ojos, que han salido demasiado claros por exceso de luz.[10]

* * *

16 Julio.

Hoy me ha escrito Felipe: me habla de no sé qué negocio, que no entiendo, pero que de salir bien nos llevará a la opulencia. Ahora él no puede pensar en otra cosa. Se ríe de mí porque le hablaba en mi carta de estas admirables puestas de sol, que son aquí siempre distintas. Esos soles

---

[8] This passage in italics and others of the same ilk betray the presence of some kind of editor of the diary; its content more or less precludes the possibility that it is Pili herself later in life. Who this editor is, how she or he obtained the diary and what the motivation for publishing it is remain unanswered questions in the reader's mind.

[9] The narrator has the distinctive, spiky handwriting taught by Ursuline nuns at convent schools. This tells us that she was given a conventional middle-class girl's education, which, as we have already surmised, has not taught her very much, illustrating the author's dissatisfaction with the Spanish education system for girls.

[10] This shows that the portrait is photographic.

que se pierden en la bruma del horizonte o se apagan como una brasa en el mar. Esos soles, que unos días son rojos, otros de un amarillo pálido y que unas veces incendian el cielo y otras lo tiñen de violeta o de rosa. Me dice que lo que debo ver es el amanecer y cuidarme mucho... ¡Quién le habla del oro del sol a un negociante!

Han empezado las visitas. ¡Qué aburrimiento! Vienen, todas estas señoras fisgonas que no se cansan de preguntar. Cada una trae dos o tres niños; todas tienen un ciento de hijos... ¿Cómo habrán podido tener tantos hijos? Las jovencitas vienen ataviadas con esos inefables vestidos que siempre llevan un gran lazo en la cintura, y en poniéndose el sombrero no saben mover la cabeza.

Algunas son bonitas. Ayer me visitaron la señora de Aznar y su hija: es una rubia tan bella, que sentí celos pensando en que algún día la viese el hombre que yo ame...[11]

Fue muy desagradable esta visita. No le aconsejo a nadie que vuelva a los lugares donde estuvo de adolescente, después de quince años de ausencia. El paisaje es el mismo; pero las gentes... ¡Cómo ha envejecido la gente que estaba en la plenitud de su vida! ¡Cuántos faltan! ¡Sobre todo, cómo han crecido estos niños que dejamos pequeños! Esto nos envejece. Además, las mamás o las solteronas que tenían treinta años cuando yo tenía trece, se creen de mi edad, me dicen descaradamente que jugamos juntas... Me dan ganas de decirles un disparate.[12] La señora de Aznar es de éstas. Me ha dicho que tiene un hijo abogado que vendrá a verme mañana. Tengo miedo, porque si es tan guapo como la hermana, debe ser peligroso. Verdad es que me mirará como a una vieja. Una amiga de su madre. Aquí me miran con cierto asombro de ver que no soy tan vieja como pensaban. No ha faltado alguna que me pregunte qué me echo en la cara, y noto que les sorprende que me vista de claro.[13] ¡Una mujer casada que se viste como una muchacha! Creo que me voy a cansar de mi idilio con el mar y que voy a volver al lado de Felipe.

* * *

---

[11] The subjunctive makes it clear that Pili is referring to a man she may come to love in a hypothetical future and not her husband, Felipe.

[12] 'They make me feel like giving them a piece of my mind.' (*Un disparate* literally means a piece of nonsense.)

[13] 'One or two even asked me what I put on my face and I can tell they're surprised that I dress in light colours.' Light-coloured clothing was traditionally associated with marriageable girls (Márquez Morant 2014: 13).

18 Julio.

¡Qué decepción! El hijo de mi amiga no se parece en nada a su hermana, que es tan bonita, que dan ganas de besarla. Él es feo, pero tiene los ojos grandes, el cabello rizado y los rasgos muy varoniles. Se expresa bien, con un poco de timidez. Su visita ha sido larga; no hablaba de nada y no se iba. Yo empezaba ya a sentir sueño. Le he preguntado qué años tenía, y me ha contestado que veinticinco. Es el mayor de los hijos de mi amiga.

—Tiene usted tres años menos que yo—le he dicho, confesando mi edad, para deshacer la leyenda del compañerismo con su madre.

Entonces me ha mirado más atentamente y se ha quedado con los ojos clavados en mis pies[14] de tal modo, que me azoré un poco... se rompen con tanta facilidad estas medias de seda. Al despedirnos me miró a los labios con la misma insistencia que a los pies; con tanta insistencia, que me hizo sentir la picadura de un beso, y me llevé la mano a la boca. Me envolvía una mirada de amor y de deseo.

He sentido una gran complacencia de este enamoramiento; es un muchacho tímido, nada peligroso, que me divertirá un poco. Lo he invitado a venir a comer conmigo algunos días para acompañarme a paseo.

* * *

22 Julio.

¡Qué cosa tan rara! Aquel muchacho me pareció tan enamorado, y no ha vuelto. No aprovechó mi invitación. O me tiene miedo, o su timidez es superior a todo. Estoy segura de que me ama. Me disgustaría que me hubiese olvidado: Me he acordado de él todos los días más de lo que podía suponer. Me hizo sentir su beso y su deseo sólo con una mirada. Voy a escribirle una tarjeta invitándole a venir... con su hermana. En estos pueblos hay que tener cautela. Al mismo tiempo voy a escribirle a Felipe. Así llegará mi carta el día de su santo.[15] Ya que sus negocios no le han dejado — afortunadamente — venir a pasarlo conmigo.

* * *

---

[14] 'he sat there with his eyes glued to my feet'. *Clavar* literally means 'to nail'.
[15] Saint's days are celebrated in Spain like birthdays. There are several dates for this name, though the commonest is 3 May. The one which may be meant here is 16 August, though this is unusual, missing from official listings, and also implies an implausibly slow postal service. Either de Burgos makes a minor factual error here or Pili is being scatterbrained and has muddled her husband's birthday with his saint's day.

31 Julio.

Nos hemos atrevido a salir de paseo juntos. Cuando el coche cruzaba las calles del pueblecito era de ver[16] las caras de los señores, los de los grandes bigotes, que se quedaban con los ojos y la boca muy abierta, y que apenas tenían aliento para quitarse el sombrero.

Muchas señoras han hecho como si no me viesen para evitar el saludar. Adivinaba ventanas entreabiertas con ojos espiones e indignados y tactos de codos para designarme. Me sentía a la vez molesta y feliz. El escándalo tiene un aroma que embriaga, se siente uno superior a los escandalizados, libertada de algo que sujeta a los demás.

Por fortuna, hemos salido pronto al campo. El paisaje espléndido me ha hecho olvidar a los hombres. Al fondo, las altas montañas pizarrosas, con los caprichosos recortes de sus cimas igualadas por la niebla que las cubre y desciende de ellas hasta el mar, este campo cubierto de viñedos, de hortalizas y de flores a un lado y otro del camino, eucaliptos, cañaverales y pitacos, y de trecho en trecho[17] las casitas, ya diseminadas, ya agrupadas en los lugarcillos que parecen refugiarse en la falda de la sierra. Los pinares se extienden hasta el mar. Ese mar, siempre el mismo y siempre distinto, que hoy está azul, bajo el cielo entoldado y gris, dando la impresión de que se han invertido los términos y que ese mar azul de hoy es el cielo y que este cielo tan plomizo es un mar revuelto y turbulento.

Hemos bajado a pasear por el pinar; he corrido de un lado a otro para formar un ramo de florecillas azules y moradas. Esas florecillas campestres tan lindas que se abren y mueren sin que nadie las vea, como vírgenes que no cumplen su destino.[18] Luego él me ha buscado un asiento en el tronco de un árbol cortado, al que llamaba pomposamente *mi trono,* y se ha sentado a mis pies.

Reinaba en torno nuestro ese silencio sonoro de los campos donde palpita un alma invisible; en medio de la soledad, de la paz, perdidos bajo esos árboles, emblema de salud, con su tónico olor a resina, que lucen entre los ramilletes picudos y espartosos de sus ramas la forma decorativa de las grandes piñas de caoba.[19]

---

[16] 'it was quite something to see'.

[17] 'here and there'.

[18] This simile draws on the traditional (and transnational) association between a girl or woman and a flower, discussed in Dijkstra 1986: 14–17 and *passim*.

[19] This is a reference to the fruit of the mahogany tree (Sp. *caoba*), which resembles a pine cone (*piña*). Pili's description is far from scientifically accurate, which would be out of tune with her lack of education in any case; the point is to express her feelings of

Él se ha sentado a mis pies muy cerca de mí, arrimado a mi falda, y ha levantado su cabeza con los ojos húmedos y suplicantes, como si demandase una limosna. Me he inclinado y le he dado un beso fresco y amplio en los labios. Él no esperaba eso, y sorprendido ha improvisado un beso quemante y hambriento. Me he levantado con rapidez para cruzar el bosque y buscar el coche. Él me ha seguido muy lentamente, en silencio, sin intentar detenerme. Luego me ha confesado que mi beso se repetía sobre sus labios como los círculos del agua en cuyo centro cae una piedra. ¡El primer beso!... ¡No diré el único beso!...

La playa, con su arena blanca requemada por el sol, y los toldos de los bañistas diseminados en ella, tenía también un aspecto salvaje de aduar árabe o de caravana acampada.[20] He mirado con lástima a todas aquellas mujeres vestidas de moda, encorsetadas, sujetas al tormento del sombrero... que pasan allí el día inactivas o haciendo unos puntos de jersey.[21] Las miraba con lástima, porque ellas no eran amadas tan intensamente como me sentía amada yo. Ellas no podían ver el mar como yo lo veía. Mis ojos tenían un nuevo lente para verlo todo, era distinto de como me había parecido hasta ahora. Lo veía así, porque lo veía a través de mi amor.

Las algas y las rocas de la costa daban a las olas reflejos verdes y violeta encantadores. Las olas se henchían, se elevaban sobre la superficie rizada y se partían antes de llegar a la playa, en la que se desparramaban como una gran red de espuma, que lamía la arena mansamente y parecía deshacerse y sumirse en ella cuando llegaba otra susurrante y alegre, con un cascabeleo de espuma, a ocupar su lugar. En la punta del cabo se las veía saltar con una fuerza extraordinaria, con una blancura consistente y compacta y una dureza de chispas de pedernal.

Y allá a lo lejos el sol había tendido, al ocultarse, una cinta rosa y transparente en el horizonte, bañado en la luz dorada de sus reflejos...

Más adelante nos hemos cruzado con un alegre grupo de burgueses que celebran el domingo. Van grotescamente subidos en borriquillos mal enjaezados, y gritan y ríen con la expansión de los habitantes de la ciudad

---

peace and enjoyment out in the country with this young man. Her reference to the association between trees and health probably alludes to the Spanish set expression 'tener una salud de roble', the English equivalent of which is to have an iron constitution, but which literally means to have the health of an oak-tree.

[20] 'the wild appearance of a Bedouin tented village or an encampment of people crossing the desert on camels.'

[21] 'knitting'.

que gozan pocos días de campo.[22] Un placer que no conocemos los poseedores de automóviles.

Todos los merenderos de la playa, con sus porches rústicos cubiertos de hierbas y cañizos, están llenos de gentes que entran a comer. Algunas familias llevan grandes cestas y se ve sobre las mesas botellas y montones de fruta. El domingo, tan enojoso en las capitales, se me ha hecho amable. Me he explicado su necesidad, la felicidad que trae consigo para estas gentes que trabajan toda la semana... También me he acordado de que olvidé ir hoy a misa...[23] Mi falta habrá sido notada por todas esas ilustres comadres que llevan cuenta de la vida ajena...[24] Sin duda eso ha causado más escándalo que mi amistad con Manuel... Pero es tan encantador un domingo en el que no se piensa en la misa.

* * *

1.º Agosto.

Decididamente tengo el propósito de resistir a esta pasión. Pasión, sí, porque debo estar enamorada de Manuel según él llena mi vida toda y no sé pensar más que en él. Hay en el amor de este hombre un matiz tan especial, tan suyo, tan único, sabe poner tanta ternura y hasta tanta pureza, que no me consolaría si lo perdiese. Hay algo que me grita que entre tantas pasiones como he despertado a mi paso ésta sola es el amor.

No quiero dejarlo ir... y tengo el temor de que lo perdería si le correspondiese[25]... es lo general... Pero, en cambio, tengo la certeza de que si no le correspondo me abandonará... La Providencia me ha protegido muchas veces... He creído algunas que podía contar con el amor verdadero, resignado... y he visto alejarse al enamorado al perder toda esperanza de lograr sus deseos... No quiero, no, que Manuel se vaya.

¡Sería tan noble entregarse a la pasión tal y como se siente!... Es más

---

[22] 'shouting and laughing as do city-dwellers who rarely get out for a relaxing day in the country.'

[23] This is the first occasion, but not the last, when the reader doubts Pili's honesty with herself and her diary.

[24] 'My absence will not have gone unnoticed by all those great busybodies who keep track of other people's lives.'

[25] 'if I returned his love'. Pili's reflections in this paragraph express the traditional dilemma faced by girls and women, whereby a fine balance had to be struck between being sufficiently unresponsive to a man's advances to appear virtuous and a challenge for him to melt the ice, but not so much so that he would decide it was a lost cause and give up. This is called 'tira y afloja' and is discussed in the post-war context by Martín Gaite (1994: 166–7).

culpable despertar estos deseos, jugar con ellos... ¡Pero es tan bonito el juego!...

Hoy le he dicho que yo soy virtuosa, que no quiero engañar a mi marido *gravemente*... y le he confesado que lo amo, que me gusta, que me enamora...

Seremos novios —le he dicho—. ¡Novios nada más! Haremos cuenta que Felipe es un padre y se opone a nuestros amores.[26] Nos veremos todos los días... nos escribiremos.

Se ha sometido... esa es la palabra; *se ha sometido*... Hemos pasado la noche con las manos juntas, sentados uno al lado de otro, frente al mar, escuchando el ruido del agua, que brillaba en un hervor de oro[27] bajo la luz de la luna. Hemos estado como verdaderos novios... aunque nos hemos besado con exceso.[28]

* * *

5 Agosto.

He estado dos días enferma y he tenido que guardar cama, casi a obscuras. Yo creo que este mal ha sido un envenenamiento de flores. Hemos salido al campo; todo el arenal estaba lleno de unos lirios blancos, que parecían salir de la tierra, como si no tuviesen más que raíz y flor. Él me ha cogido un gran ramo de esos lirios; tenían olor a azucenas, pero un olor penetrante, doloroso, que me gustaba aspirar. He venido escondiendo el rostro entre las flores, aspirándolas, bebiéndolas. Yo creo que eso me produjo la gran jaqueca que no me permitía abrir los ojos.[29]

¡Cómo se ha asustado él, qué enfermero más cariñoso! Lo veía a mi lado, bueno, complaciente, dominando toda sensualidad para cuidarme con una ternura, mezcla de paternal y de filial. Yo sentía la voluptuosidad de que me cuidase. Cuando me arreglaba las almohadas descansaba mejor, y con su mano en la mía era mi sueño una especie de tránsito al país de los ensueños.[30]

[26] 'We'll make believe Felipe is a father who disapproves of our relationship.'
[27] 'which gleamed and bubbled like molten gold'.
[28] *Aunque* here reflects Pili's taking it for granted that courting couples would be expected to refrain from passionate kissing.
[29] Both *lirio blanco* and *azucena* can refer to the same flower: a white lily with a pungent perfume (*lilium candidum*). Without the qualifier 'blanco', *lirio* is often translated as 'iris'. Perhaps the distinction Pili makes is between a white iris and a lily. Note how smelling flowers is presented as having a powerful effect, anticipating *Puñal de claveles*.
[30] 'When he held my hand as I slept, it was like a journey to dreamland heaven.'

Casi siento estar ya buena para que no me siga cuidando de aquella manera inocente. Para que no siga poniendo aquella dulzura suave al besarme las manos que ahora me besa con sus besos punzantes, largos y hambrientos.

Hay quizás una crueldad en no entregarme por completo a este amor e imponerle el martirio que yo misma padezco; pero es tan hermosa esta ilusión, que es preciso conservarla así siempre. ¿Siempre?...

* * *

9 Agosto.

Hoy el mar tenía un olor a sandía. Un olor que invitaba a comer este fruto. Severina me ha traído una sandía hermosísima, la ha partido delante de nosotros en la gran fuente de cristal. Crujía al partirse como si se rasgase, y nosotros guardábamos silencio. Luego la ha dejado en la mesilla, a nuestro lado, perfumada, jugosa, con su pulpa roja destacándose de la cáscara verde. Los dos hemos alargado la mano para coger la misma tajada. Ninguno ha querido cederla, y disputándonosla ambos la hemos mordido a un tiempo... Se han rozado nuestros cabellos, nuestros rostros, nuestras bocas... Había un deleite en el jugo fresco y dulce, que venía a calmar el ardor de nuestra sangre. Así la hemos comido toda, sintiendo caer las pepitas, hasta no dejar nada. Luego nos miramos riendo... teníamos los rostros llenos del agua de la sandía. Él me ha limpiado con su pañuelo y yo me he dejado limpiar con un horrible pañuelo que huele a colonia barata...

* * *

10 Agosto.

Mi marido me escribe que va a venir. Está bien esto, porque el pasear a su lado me dará mayor respetabilidad entre estas gentes, que ya empiezan a murmurar con exceso.

Ahora escasean las visitas de las señoras... las que vienen no suelen traer a las niñas... En cambio, los hombres me visitan más. Tengo ya una verdadera corte de adoradores y los unos me defienden de los otros. ¡Había que ver las caras que han puesto cuando esta tarde, en la terraza, estando todos reunidos, les he anunciado la venida de Felipe. Se han quedado defraudados en sus pretensiones, se han visto en ridículo. El único que creo que lo ha sentido con el corazón ha sido Manuel. Ese me ama sinceramente.

* * *

11 Agosto.

Nunca me pareció mi marido tan elegante como hoy al llegar. Hay una gran diferencia entre su sencillez y su aplomo de hombre mundano y la petulancia de estas gentes. En todo el día hemos cambiado más que unas pocas palabras.[31] Le rodeaban todos los importantes del pueblo, que quieren meterlo en no sé qué empresas de aguas y tranvías. Hoy han venido todas las señoras.

Manuel se marchó pronto, a pesar de que yo no hablaba más que con él... estuve hasta imprudente... La verdad es que en estos casos la figura más triste no es la del marido, sino la del amante... Aunque Manuel no es mi amante.

He tenido que mentir, que calumniar al pobre Felipe, que jurar en falso para tranquilizarlo.[32] ¡Iba tan desolado!...

* * *

14 Agosto.

¡Qué extraño! Mi marido ha llamado a mi puerta como si fuese otro... su barba triangular y falsa me ha sido simpática cuando ha aparecido por la rendija.[33] «¿Deberé querer más a este hombre?» —me he preguntado—. Pero cuando le he vuelto a oír repetir sus tonterías y a tratarme como dueño he vuelto a ver que no lo merece... Sin embargo, tenía un deseo de alegría que yo debía satisfacer... No pude mantener las promesas hechas a Manuel. ¡Pobrecillo!

* * *

16 Agosto.

Hoy está el mar verde. El sol viste de plata las aristas que forman las ondas al hendirse, y parece que hace hervir las aguas, que se levantan en sus espejeos como las burbujas de la ebullición.[34]

---

[31] 'We hardly exchanged more than a few words all day.' The negative is understood without needing *no* before the verb, as with similar expressions such as 'en absoluto'.

[32] The *lo* refers to Manuel. She leaves to our imagination exactly what untrue and negative things she has told Manuel about Felipe to set his mind at rest, but the next entry shows what she swore to him.

[33] Separate bedrooms for married couples who could afford a home spacious enough to allow this would not necessarily signal that the relationship was dysfunctional.

[34] *espejeo* is a rare word for 'mirage' (the usual word is *espejismo*); Pili is referring to the illusion of boiling that the foaming water gives. The literal meaning of this image is less important, however, than it is to realise that Pili is staring at the sea, feeling poetic as she waits for Manuel to arrive.

Manuel no debe ya tardar.

* * *

17 Agosto.

No ha venido. Estoy sola en esta terraza... la noche está nublada, oscura. Oigo el mar y no veo más que negrura a mi alrededor. Es más negra la negrura del mar y del campo que las otras negruras. La sombra viene de ellos a llenar la casa, se entra por las ventanas. Me da miedo entre esa oscuridad el proyector turnante del faro, que de segundo en segundo aparece sobre el cerro vecino y se extiende hacía mí como un brazo de luz que va a prenderme *y* sumirme en la sombra.

* * *

18 Agosto.

Tampoco vino esta noche. ¡Una noche tan hermosa para haber estado juntos! Un viento fuerte disipó las nubes y encrespó el mar. La Luna y Venus brillaron sin rivales en un cielo azul profundo. Hasta que Venus, el lucero de la tarde,[35] se clavó como un diamante en el confín del horizonte y la luna dejó caer un río de oro sobre las olas.

Quise sustraerme a esta belleza y a este olor a marisco tan excitante y me acosté... No pude leer ni dormir. Apagué la luz y me entretuve en ver las estrellas por la ventana. Estaban muy bellas entre la oscuridad... conforme se las mira parece que se acercan más.[36] Sin duda por eso cuentan que la Luna, se tragó a un leñador que la miraba mucho y que desde entonces mora en ella con su carga a cuestas, sin envejecer ni morir nunca... y enseña su rostro retratado en las montañas y lagos de la Luna... ¡Si fuera cierto que el contar las estrellas hace salir verrugas! Dicen también que la luz de la luna quema más que la del sol.[37]

Me parecía sentir pasos bajo la terraza... Me he levantado al amanecer para asomarme. Nada... Sólo un barco de vapor tendía su columna de humo, manchando la limpidez del aire... Más cerca había dos barquitos de vela, con esas velas latinas en pico, que son tan elegantes, tan bellas...

---

[35] 'the evening star'.

[36] 'The more one looks at them, the closer they seem to come.'

[37] These are references to folklore and old wives' tales, different versions of which can easily be found on the internet. The woodcutter approximates to the English idea of the man in the moon. The important point, however, is that Pili's mind is wandering as she writes in her diary, unable to sleep due to disappointment and anxiety at the non-appearance of Manuel.

Parecían barquitos de papel colocados allí como en una decoración de teatro.

He seguido con la vista al vapor mientras he podido verlo... Siempre embarco un ensueño en esos barcos que pasan.[38]

* * *

19 Agosto.

Tomé la decisión suprema de irme a visitar a la señora de Aznar a la hora de comer. Me salió bien el cálculo... allí estaba Manuel, muy pálido, muy ojeroso, que se inmutó al verme. Yo he estado tranquila, serena, dueña de mí. Mi antigua amiga, fría y correcta,[39] apenas hablaba; las niñas parecían asustadas... Tuve que hablar por todos... al despedirme Manuel tomó el sombrero para acompañarme, a pesar de la terrible mirada de la madre.

No cambiamos ni una palabra por el camino. Al llegar a casa se echó de rodillas a mis pies, besándome las manos y pidiéndome perdón... Le he acariciado los cabellos y ha llorado... Es un niño. Sólo el verme disipó sus celos. Yo le había perdonado de antemano. Necesito su tacto... Quizás una de las cosas que más despiertan la ternura es el tacto... hay tactos indiferentes y los hay simpáticos o repulsivos... Manuel tiene en el tacto suavidades y calor de niño pequeño; una finura, algo que sólo con el roce me hace sentirme feliz. Son su carne, sus cabellos, sus labios... Además tiene una voz tan bonita... es una voz que acaricia como sus manos y como sus ojos... Cuando entra de la calle parece que trae luz, según la expresión noble y franca de su fisonomía... Una fisonomía hecha para estar alegre. Tiene tal placidez, que reposan en ella los ojos...[40] Es un feo muy hermoso.

* * *

25 Agosto.

Heme aquí ya obligada a ser virtuosa;[41] ¡ya tengo un amante! Se acabaron las coqueterías y las inquietudes. Hay en mí un equilibrio físico

---

[38] 'I always load a daydream onto a passing boat.'

[39] This means she behaved strictly in accordance with conventions of good manners and implies she did the minimum these demand, rather than showing any warmth or friendliness towards Pili.

[40] 'He has such a calm demeanour that he's restful just to look at.'

[41] 'So here I am now, obliged to be virtuous.' It is unclear what Pili has in mind when she writes this, as she goes on to admit that she has committed adultery with Manuel. Is she referring to the virtue of being honest with her diary? Or is she suggesting a different moral code to which she now feels bound, involving fidelity to Manuel?

y espiritual que no tenía cuando experimentaba la falta de algo que diese calor a mi corazón. No es culpa mía que la naturaleza sea así y que mi marido tenga cuarenta y seis años cuando yo cuento sólo veintiocho.

Además, la mayor parte de la culpa la tiene su visita... ¿Para qué vino? ¿Por qué se ha marchado tan pronto?

(Hay una receta entre las hojas del diario.)

Receta para quitar el paño[42] del aire del mar:

Vaselina pura .... 25 gramos.
Lanolina .... 25 —
Tintura de benjuí[43] ...... 2 —
Vinagre .... 2 —
Alcohol de 90°................ 15 —
Esencia de violeta .... 10 gotas.

Se da por la noche al acostarse y a la mañana siguiente se lava con agua templada.

* * *

26 Agosto.

Me siento un poco humillada, un poco empequeñecida después de la embriaguez de haber sido suya.

Había puesto tanto interés en resistirlo, que resulto como vencida en una lucha...[44] Disminuiría mi cariño si no viese tan humilde, tan agradecido, tan entregado a mí al vencedor, y en realidad no ha habido vencimiento. Lo veía dudar de mí, molesto por la visita de Felipe, dispuesto a alejarse. Había momentos en los que casi me odiaba... Y yo lo amaba más... ¿Qué hacer para convencerlo? He sido yo misma la que le he suplicado que me tomase. No he sido suya por flaqueza o por olvido. Me he entregado con toda decisión... Porque mi amor estaba maduro... Porque quiero mi parte de alegría en la vida.

* * *

---

[42] This means dark patches on the skin. The technical term is 'melasma'. At this time, paleness of skin was considered desirable, for women especially, so avoiding any tanning effects while enjoying the sea air was the challenge for women like Pili.

[43] 'Benzoin tincture', a skin product still available and with many benefits claimed, including antiseptic and antifungal properties.

[44] 'I had staked so much on resisting his advances that now I feel as though I had been defeated in a fight.'

27 Agosto.

Ha habido momentos en que me he arrepentido de ser su amante, creyendo perdida para siempre aquella embriaguez de los *preliminares...* Esos apretones de manos, esos besos, ese arder sin consumirse del deseo es lo más bello del amor. Afortunadamente nosotros hemos encontrado el secreto de reproducir siempre esa impresión. Cada día nuestro amor se renueva con la nueva conquista y la nueva condescendencia. ¡Soy feliz! ¡Muy feliz!

* * *

29 Agosto.

Me gusta pasear por los alrededores en estas tardes tan apacibles. Seguimos, por la carretera, a orillas del mar, siempre nuevo, y llegamos a descubrir pequeñas playitas desiertas; rocas aisladas donde dormita un pescador, y lindos lugarcitos escondidos en los repliegues y quebraduras del acantilado, sobre las rocas, con unas perspectivas sorprendentes. Manuel parece un poeta, según sabe saborear y subrayar todo esto. Hoy, el mar, muy verde tenía un cabrilleo en toda su superficie. Rompían pequeñas olas blancas acá y allá. Eran como una bandada de gaviotas que se posara sobre las olas. De pronto del fondo de esas olas misteriosas ha saltado un pez, grande como un guarinillo; detrás otro..., y así ha pasado toda una banda de peces, por parejas, caminando todos en la misma dirección. Algo parecido a la vanguardia de una procesión. Esperaba ver pasar detrás de ellos a las sirenas, conduciendo en una silla de nácar algas y corales a *la Delfina del mar,* toda cubierta de perlas. Es que no se puede separar la idea del mar y la idea del misterio. Cuando baja la marea, y deja al descubierto esas rocas verdes, llenas de musgo, parece que son el anticipo de los jardines mágicos que existen debajo del agua.

Verdaderamente, si alguien leyera esto, diría que tengo un sentimentalismo pasado de moda, y que esto no digo más que vulgaridades. Pero yo escribo para mí, por el gusto de fijar mis impresiones para leerlas después... Es el vicio de todas las que nos educamos en las Ursulinas, que nos obligan a mirar hacia adentro y hacer estos exámenes de conciencia. Por suerte, mi *boudoir* tiene secretos[45] donde nadie puede leer estas páginas; que tendré buen cuidado de romper...[46] No es como en el convento, donde se entera-

---

[45] This is a hiding-place in a piece of furniture, such as a false bottom or concealed compartment or drawer.
[46] Notice Pili's ambivalence: she says she is keeping the diary to be able to read it

ban de todos los secretillos. ¡Como que las llaves de las monjas abren todas las cerraduras!

* * *

30 Agosto.

¡Qué tipos más extraños encontramos en nuestros paseos! Pescadores, mujeres que llevan a cuestas cargas de forraje verde, chicuelos descalzos, lecheras, gente montada en burros. Todos nos saludan al pasar con un amistoso «Buenas tardes.» Es agradable este saludo, esta palabra de buen deseo que se cambia entre los desconocidos. Sólo cuando nos encontramos con bañistas pasamos en silencio. Las personas bien educadas no saludan.[47]

* * *

1.º Septiembre.

Es una tristeza que la civilización lo invada todo. Hoy ha habido fiesta en uno de estos inefables pueblecillos. Creí que en el baile de la plaza pública habría aún tocadores de guitarra y cornamusa;[48] pero habían hecho venir a la banda de música de la capital, y las muchachas estaban vestidas por los figurines de moda... No me gusta estar con Manuel donde hay muchachas bonitas. Después de entregarse al amante estamos como desarmadas delante del adversario. Con la promesa de lo no logrado, con el temor de la negativa, el deseo los encadena a nuestro capricho. Ahora, ¿qué podría ofrecerle ya...?

* * *

2 Septiembre.

Pasamos delante de casitas pequeñas, aisladas, muy graciosas con sus porches y sus terrazas. Siento como un deseo de vivir con él en todas esas

---

subsequently, but also that she intends to destroy it. Clearly, she is torn between prudence and the wish to preserve her experiences. As we have seen from the italicised comments by an unidentified third party, apparently she has not succeeded in keeping it private.

[47] Note Pili's disenchantment with polite society. A charitable reading is that she has seen through its hypocrisy as a result of her affair with Manuel; a more cynical one would interpret this as sour grapes: having been ostracised, she has decided that she has no time for such people in any case.

[48] This can refer to various musical instruments, from bugles to bagpipes. Given that bagpipes are not traditionally played in Andalusia, where this story is presumably set, one may suppose Pili was hoping to see something akin to a hunting-horn or bugle.

casitas. De anidar... Mi quinta es demasiado grande. Recuerdo que en mi viaje de boda por Europa lo que más me gustó del palacio de Versailles fueron las habitaciones de María Antonieta, y no fue por el prestigio femenino que tiene esa reina del collar de coral—para mí, la guillotina le ciñó un collar de coral[49]—, sino porque eran tan pequeñitas, tan íntimas. Parece que las habitaciones grandes hielan el amor. En las pequeñas hay calor de corazón... Y, sin embargo, yo no gusto de aislarme así...; al contrario, como antítesis de estos sentimientos, experimento el deseo de vivir en todas las casas y de viajar en todos los barcos...

* * *

3 Septiembre.

Tanto como me gusta llevar los brazos desnudos, y no me atrevo. Hay muchas moscas. Les tengo horror a las moscas. Cuando se para una sobre la carne se la ve afianzarse con las dos patitas delanteras y mover el guizque, como si lo afilara para dar mejor su lancetazo. Me hacen el efecto de que preparan una inyección..., de que ese animal pequeño, repugnante y sepulturero... me va a inyectar todas las enfermedades que ha recogido en los hospitales, pues parece que cada mosca se ha posado ya sobre todas las llagas en todos los hospitales. Mi madre dice que cuando yo era pequeña preguntaba si las moscas eran *los pájaros de la casa,* como los otros eran *los pájaros de los jardines.* Es que yo no me explicaba la presencia de estos bichos en las habitaciones... No se las persigue todo lo que se deben perseguir. Hasta esa pequeña mosca de oro y bronce, la cantárida que lleva el dolor, la idiotez y la lujuria en su cuerpecito dorado,[50] me es repugnante...

Por culpa de ellas sólo me descoto de noche...[51] ¡Y hace tan bonito el traje negro, del intenso negro mate del tafetán, sin ningún adorno, cerca de la carne blanca y satinada...! De vez en cuando las mujeres debíamos de llevar luto por coquetería...[52] Decir que se nos había muerto un tío en la India.

* * *

---

[49] 'I see the guillotine as adorning her with a coral necklace.' This frivolous, rose-tinted image for a key event amid the carnage of a world-changing conflict, the French Revolution, again underscores Pili's lack of education.

[50] The usual translation for this creature is 'Spanish fly', though it belongs to the beetle family (*lytta vesicatoria*). Pili's reference to lust (*lujuria*) alludes to the aphrodisiac properties popularly associated with a fluid it excretes, but this had several other uses in traditional medicine.

[51] 'It's their fault that I only wear low-cut clothes in the evening.'

[52] 'just to flatter our looks'.

5 Septiembre.

He reñido con Manuel como nunca había reñido con Felipe. No sé el motivo de la disputa...; nerviosismo, celos, irritación producida por el placer..., una futesa... Me exasperaba la calma con que toma un disgusto y el aplomo con que me ha dicho cosas desagradables..., muy desagradables... «Que no soy una *diosa»,* «Que soy una cualquier cosa.» Muchas, muchas groserías inesperadas. Le he dicho que yo no le amaba, que me había equivocado...; le he mandado irse; pero permanecía tan indiferente, que al fin me exasperé y le arrojé a la cabeza (cuidando de no darle)[53] las lindas figurillas de Sevres antiguo que tenía sobre mi mesa...[54] Unos miles de francos que se hicieron añicos a sus pies. Me miró suspenso y aturdido de mi acción, y fue a tomar el sombrero para marcharse. Me asaltó la idea de que se iba para no verlo más...; algo se rompía dentro de mi corazón en pedazos. Podía detenerlo con una palabra de amor, y, sin embargo, me lancé hacia él, golpeándole, mordiéndole, loca de celos, de amor y de ira. Fue mi ira la que prendió, al fin, en él, para volverse contra mí y clavarme brutalmente las uñas en el brazo... Me ha saltado sangre... Me dejé caer, llorando, al suelo, y yo misma creí que me había muerto.

Entonces Manuel me abrazó: llorábamos los dos... Sus caricias eran más apasionadas que nunca... No supe rechazarlo... Me he quedado durmiendo, rendida; pero al despertar, lejos de su lado, veo que aún le guardo rencor.

* * *

10 Septiembre.

Esta mañana he recibido una carta suya. Me escribe que nada me quiere decir (y me lo está diciendo), que no tiene derecho a nada..., pero que hay cosas que no puede soportar, y que en lo sucesivo no ha de molestarme.[55]

Ahora lo comprendo todo... ¡Está celoso! Son insoportables los hombres celosos, y, sin embargo, es un placer sentirse amada hasta los celos. ¿Serán los celos vanidad? Tengo que hacerme fuerte para que sus celos no me dominen... Él me amó libre, y así me tiene que seguir viendo. Son detestables esos hombres que aman a una bailarina, a una actriz..., y después de

---

[53] 'taking care to miss'. This confirms that Pili is playing up her temper tantrum for effect, rather than really wanting to hurt Manuel.

[54] Sèvres porcelain dates from 1738 and is known for its delicate hand-painted designs and fine gilding.

[55] 'He will not trouble me in future.' In other words, the letter says he is ending their relationship.

hacerse amar la obliga a dejar su arte, el arte que los enamoró..., y a veces su amor se pierde al despojarlas de su arte... Yo tengo mi libertad, que Felipe no coarta, y no he de abdicar de ella. Es verdad que en la libertad hay abandono...; es que nadie nos amarra a un cariño grande. ¡Triste libertad!

Es una tontería ponerme a pensar todo esto.[56]

* * *

12 Septiembre.

Van ya tantos días de amor después de nuestra riña, que he acabado por olvidar mi rencor y mi deseo de venganza. Ya no nos pelearemos más. Nos lo hemos jurado.

Estoy satisfecha de haber experimentado esta borrasca, este sacudimiento. La placidez que rodeaba mi vida era falta de calor y de pasión. Es preciso sufrir, vibrar, sentir intensamente para saber que se ama.

Esta inquietud que hay en mí, este temor de parecerle fea, este miedo de que no me ame, estos celos de todo lo vago que me atormentan y que me hacen volverme airada contra él, con una sensación de odio, son amor, son pasión, vida... Lo que no había sentido nunca... ¡Oh! Prefiero sentir dolor a no sentir nada. El limbo es el verdadero infierno de las almas.

* * *

14 Septiembre.

Conforme avanza la estación esto se pone insoportable. Las nieblas lo envuelven todo. Es como si el cielo bajase hasta nosotros. A mí no me gusta verme envuelta en cielo... El universo se achica con la niebla, se reduce como nuestro horizonte visible... Se la ve avanzar sobre el mar y correr por las rocas como un humo tenue, como polvo de cielo, y bien pronto lo invade todo... Parece que es el humo frío de un gran incendio que se aproxima... Cierro las ventanas, pero hasta el fondo de mi cuarto llega el clamor de la sirena del cabo próximo avisando a los barcos, que caminan a ciegas, la proximidad de la costa. Me impresiona la voz de la sirena;[57] tiene

---

[56] Far from being silly, the reader realises Pili is wrestling with a dilemma that many before and since have failed to resolve: how to balance the positive side of passionate love with the negative of possessiveness.

[57] 'The sound of the siren upsets me.' In personifying the siren by referring to its voice, Pili evokes its other meaning, the malevolent mermaid who lures sailors to their death with her singing. Her increasingly doom-laden feelings about what is happening in her life are influencing how she feels about her surroundings.

algo de aullido de perro que anuncia la muerte, y parece que al disiparse la niebla la playa ha de estar llena de cadáveres y de barcos hechos astillas... Hacen más viva esta sensación esas bocinas de los barcos que responden a veces a lo lejos al eco lúgubre del faro...; parecen voces que piden auxilio en la noche. Me encojo en la cama, me tapo la cabeza; ni quiero oírlo ni ver esas olas que salen de entre la neblina, y que parecen acometer a las rocas cuando dan sobre ellas un salto de espuma. ¡Ah! Son *los azules canes* de que hablaban los antiguos;[58] parece que se enfurecen con el obstáculo de las piedras y las quieren deshacer para lanzarse sobre la tierra.

Me da la sensación de que mis cristales están empañados, y todo se me vuelve humedecerlos con el vaho de mi aliento y pasar sobre ellos el pañuelo.

* * *

16 Septiembre.

Ahora, para ir a Madrid, me disgustan mis manos negras y mi rostro quemado. ¡Tengo tantas pecas! Manuel las ha besado una a una; pero no se han borrado por eso, como él decía... Tengo miedo a todos los productos de tocador...[59] Me lavo de noche, al acostarme, con una prosaica agua y vinagre, y mi cutis mejora visiblemente. Es una receta que me dio una tía de mi madre, una vieja solterona, desformada[60] y fea, que tenía el encanto de una cabellera negra y rizada—no muy limpia— y un cutis de nácar. ¡Pobre tía Asunción! Ella me contaba cuánto había sufrido por las travesuras de las hermanas menores, que, celosas de su cutis, descubrían el secreto a los que la elogiaban, diciendo: «Porque se lava de noche», cosa que a ella la ofendía sobremanera y le hacía llorar.

* * *

18 Septiembre.

Tengo ya deseos de irme de aquí. Me molestan todas estas gentes que están enteradas de todo sin comprenderlo. La que más enemistad me manifiesta es la madre de Manuel, *mi amiga de la infancia.* Esta mujer, que

---

[58] A classical reference to Scylla, a sea-monster who, together with Charybdis, made a certain narrow strait perilous for sailors. Scylla is often depicted with a number of fierce dogs growing out of her body. In the *Aeneid* (Book III, l. 432), Virgil describes them as 'caeruleis canibus', given in some English translations as 'sea-blue hounds' and as 'ceruleos canes' in some Spanish ones.

[59] 'cosmetics'.

[60] Though still in dictionaries, normal present-day Spanish is *deformar*.

vería sin pena a su hijo en amores fáciles y peligrosos de mujeres perdidas, sufre un gran disgusto al sospechar que me ama.[61]

Es preciso que yo me vaya; Manuel me seguirá... Mi pasión por Manuel no perjudica a Felipe; le tengo siempre el mismo afecto, que en nada daña a Manuel. Renunciar a cualquiera de los dos me costaría mucha pena. Es una estupidez hacer incompatibles amores que el corazón abriga de un modo tan natural.

¿Amaré a Manuel en Madrid? Esta gracia rústica que me encanta aquí, ¿no resultará ridícula en los salones? ¿No me parecerá torpe, mal vestido, con su sencillez pueblerina, sin refinamientos? Indudablemente, estos cambios de ambiente tienen un peligro. La suerte es que ya, prevenida contra él, sabré evitarlo; ser humana, para no exigir demasiadas perfecciones. Poco a poco yo le educaré... Pero ¿y si después de educarlo, cuando pierda su espontaneidad, esa cosa de infantil que existe en él, deja de gustarme? Sería una desgracia volverme a quedar sola. No quiero perder la ilusión que trae este amor a mi vida.

La felicidad, no consiste en ser amada, sino en amar.

Resulta tan fastidioso que nos amen cuando no amamos. Es inútil apelar a la compasión; en cuestiones de amor no se compadecen más sentimientos que aquellos de los cuales se participa; los demás nos son indiferentes. Y hasta causa molestia que los hombres que no amamos, los que no amaremos jamás, dejen de sufrir por nuestro cariño. Los tormentos y los deseos de los otros son como un homenaje que le ofrecemos al predilecto.

Hay una cuenta intercalada.[62]

Camisas.......................... 5
Medias de seda azul......... 4 pares.
Enaguas de encaje............ 2
Pañuelos 6
Blusas lavables 3
Pantalones[63] 8
Cubrecorsés 5

* * *

---

[61] 'That woman, who wouldn't mind if her son were having dangerous affairs with fallen women of easy virtue, is terribly upset because she suspects he loves me.'

[62] This seems to be a laundry list Pili is making as she plans her packing for her return home.

[63] This is unlikely to mean trousers, given the period and the number Pili lists. It is more probably being used in its older meaning of bloomers or long drawers, meaning knee-length undergarments.

28 Octubre.

Estoy enferma de esperar. No hay suplicio mayor. A veces el corazón me late sobresaltado, como si me anunciara algún peligro. Manuel retarda demasiado su venida, y, sin embargo, él vendrá. Me lo dice la pasión, cada vez más vehemente, de sus cartas y mi propia pasión.[64]

No conozco mayor tormento que éste. Viene a mi memoria la imagen de la pobre emperatriz Carlota, martirizada por la eterna espera...;[65] como padezco a tantas pobres mujeres cuyos amantes las hacen esperar... Me propongo no volver a esperar más. Cuando venga, seré yo la que vaya a verle a él, para que él sea quien me espere.

¿En qué momento llegará? Él quisiera una primera entrevista a solas. No sé si podré lograrlo; no puedo desentenderme de lo que le debo a mi marido.

Su primera mirada me inquieta. Me miro al espejo desasosegada. ¿Me encontrará como estaba? ¿Le gustaré menos? Yo misma temo por la impresión que él me produzca. ¿Cómo me parecerá aquí? Me da miedo pensar que se acabe este amor que me llena el corazón. Quizás más miedo de dejarlo de querer yo, que de verme olvidada por él.

Desde luego que, como provinciano, a la luz de nuestros salones ha de tener algún defectillo. Debo estar preparada para ello. Él es un hombre educado, y se corrige fácilmente; por más que los hombres no se asimilan las buenas formas con la rapidez que las mujeres. En las mujeres es sorprendente: de una criada se puede hacer una señora; pero un criado, es siempre... un criado.[66]

---

[64] We gather that Pili is back in Madrid, waiting for Manuel to join her there.

[65] Charlotte of Saxe-Coburg-Gotha, also known as Carlota and Carlotta (1840–1927), daughter of King Leopold I of Belgium and a first cousin of Queen Victoria. She married Archduke Maximilian of Austria in 1857 and they reigned in Mexico from 1864 to 1867, when her husband was executed. By this time, she was already losing her mind and in later years, when her condition worsened, she believed that he would return to her. This is the tortured waiting for the man she loved to which Pili refers, current at the time of *Confidencias*.

[66] By today's standards especially, but even for 1920, these reflections and those that follow seem both snobbish and sexist; it is safe to assume that given Carmen de Burgos's unimpeachable credentials as a socialist and a feminist, Pili is not voicing her creator's opinions. We have already observed that the character has not had the kind of education that de Burgos advocated for women; perhaps, then, we are being shown here part of the consequences of unenlightened convent schooling for girls. The question of whether a woman from the bottom of the social hierarchy can be trained to pass for a lady is the premise of George Bernard Shaw's play, *Pygmalion*, which premiered in Madrid on 14 November 1920, just one month before the publication of *Confidencias* on 30 December. We have no evidence that de Burgos saw the play, but it was reviewed

¡Y hay mujeres que aman a sus criados! Yo, que me precio de mirar por su bienestar y tratarlos con consideración, no he podido ver nunca en un lacayo, en un cochero, en un ayuda de cámara, más que *una cosa que sirve*. No me parecen hombres...

¡Y me sucede lo mismo con tanta gente!...[67]

En fin, me entretengo hoy demasiado escribiendo. Me espera la masajista para darme sesión de paletazos y pellizcos,[68] suavizados por los polvos de talco... Me inquieta el que desde este verano estoy un poco más gruesa. Es preciso luchar contra esa tendencia de las españolas, a las que nos legan esa herencia nuestras ilustres abuelas. Ellas podían engordar sin temor; los hombres de su tiempo decían: «Dame gordura, y te daré hermosura.» Pero los refinados del nuestro prefieren los huesos..., como toda mujer elegante no come del pollo más que el aloncito.

Es preciso estar a régimen. Se hace buena la frase de que ya en vez de cocinera se necesita una vaca...[69] Es un martirio estar privada de todo lo que más gusta, padecer sed y hambre; sobre todo en los banquetes, cuando hay que rechazar tanto plato... Las mujeres queremos dar la sensación de que no comemos más que cosas escogidas..., y poquito... Beben un sorbo de Champagne... Es irresistible para el buen tono una mujer que se atraca un plato de sopa y una rebanada de pan.[70] Para estar interesante es preciso estar un poco anémica..., pálida, con la tez oscura[71] y los ojos enrojecidos... Es la belleza de moda.

* * *

---

in the mainstream press and so she would at least have been aware of questions of social mobility and class being current and live. For more on this, see <www.abc.es/cultura/teatros/20140412/abci-centenario-estreno-pigmalion-201404111629.html>.

[67] This unpalatably exploitative attitude is only slightly mitigated by Pili's honesty in admitting to it and foreshadows later developments.

[68] 'to give me a slapping and pinching session'.

[69] This tongue-in-cheek quip seems to suggest that a glass of milk is all that a fashionably slim woman can afford to consume; having a cook prepare proper meals is of no use.

[70] 'For a woman to tuck into a plate of soup and a piece of bread is absolutely out of court in high society.'

[71] This is odd, given that the deathly aesthetic to which Pili is referring would be expected to favour a pale complexion as she says three words earlier; accordingly, we have already seen her efforts to avoid a suntan. As she follows the remark with a reference to red-rimmed eyes, perhaps she means dark circles under the eyes here, but that is a non-standard meaning, as 'tez' normally means the skin of the face in general.

1.º Noviembre.

Me estoy cayendo de sueño. ¿Habrá cosa más desagradable que madrugar? Gusto más de ver morir el día que de verlo nacer. El crepúsculo de la tarde es un bello otoño; el de la mañana una primavera verde y desaborida.

Soy enemiga personal del sol... Se ven demasiado todos los defectos con su luz... No deja soñar... Pero esta mañana había que ir a confesar; es costumbre en este día ofrecer por el padre de Felipe la misa y la comunión...[72] Me he decidido a ir... Casi todas mis amigas están en mi caso,[73] y todas confiesan... Pero aunque el buen padre me ha absuelto mediante un centenar de salves y un centenar de misas, pues tuvo en cuenta para mi pecado la posición de mi marido, no vuelvo más.[74]

La penitencia no es mucha verdaderamente si el acre sabor del pecado se paga con tan poco esfuerzo; lo que me molesta es la manera de preguntar del bueno del padre... ¡Tanto pedir detalles! ¡Tanto indagar! ¡Tanto preguntar a todo «¿y cuántas veces?»!

Va a ser menester tener una de esas hojitas de papel picado que nos daban las Ursulinas para hacer examen de conciencia e ir doblando un piquito cada vez que decíamos alguna mentirilla.[75]

* * *

---

[72] 1 November is All Saints' Day, when Catholics traditionally visit the graves of deceased loved ones and may have other customs related to remembering the dead, as does Felipe, who apparently pays for a mass for his late father on this date each year.

[73] 'Almost all my girlfriends are in the same situation as I am', meaning being unfaithful to their husbands.

[74] Catholic doctrine forbids anyone in a state of mortal sin to take communion, making it normal to go to confession first. This is what has cornered her, for the reference to Felipe's father implies that he would have gone with her to mass and so would have noticed and found it suspicious if she had not acted in the usual way. The 'salve' is the prayer known as the 'Hail Mary' in English, which she has been told to recite 'about a hundred times' and the same number of masses that she has been given as a condition of absolution means paying for them to be said.

[75] 'Papel picado' is the decoration typical of paper doilies in Britain and the rudimentary versions made by schoolchildren folding paper, cutting shapes around the edges and then unfolding to give a symmetrical, lacy pattern. It is widely used in the Spanish-speaking world for festive purposes. In this context, however, it would seem that the nuns who educated Pili used it as a technique for the girls to focus on and record their sins. The 'examen de conciencia' requires people to think through all of the ways in which they have fallen short of the ideals of Christian virtue and is the necessary prerequisite to confession.

3 Noviembre.

Me disgusta el apasionamiento creciente de Felipe. ¡Si lo hubiera tenido al principio de nuestro casamiento, cuando yo lo necesitaba...! Después de todo, tal vez la culpa es sólo mía. Yo no tenía la experiencia de ahora... Él no tiene de qué quejarse, puesto que recoge el fruto de mi experiencia. Es una paradoja que los hombres gusten más de las mujeres muy experimentadas, las mujeres de hombres, y, sin embargo, busquen siempre para esposa una niña boba, a la que despiertan, no sé si en provecho propio.[76]

Es un error los matrimonios en los que el marido es mayor que la mujer. Sólo pueden hacerse sin peligro con hombres muy viejos y niñas muy jóvenes, porque ellos se mueren antes de que ellas adquieran la plenitud, y así dejan más deliciosas viuditas.

Casarse una mujer joven con un hombre mayor es peligroso; a medida que él envejece, ella vive. En justa compensación de la debilidad del viejo, que necesita para no ser notada la casta inocencia de una niña, la mujer en su plenitud debe unirse a un hombre más joven..., para el que una niña es poco todavía; y ella, por su parte, no puede tolerar al hombre maduro.

No sé por qué me entretengo en hacer estas comparaciones mientras espero la llegada de Manuel.[77]

* * *

15 Noviembre.

Ha sido una lástima perder así la impresión de su regreso. Me había telegrafiado su llegada—el título de hijo de *mi amiga íntima* ¡le autoriza para tantas cosas!—; pero yo no podía esperarlo a solas...; era mi día de recibir, y hay que sacrificarse a este deber de sociedad... No ha hecho verdaderamente mal papel en el salón. Le está bien la ropa... Un hombre que sabe llevar la ropa tiene ganado mucho... Se ha conquistado las simpatías de todos con su rostro noble y lleno de esa alegre franqueza que inspira la confianza. Casi todos me han dicho que era simpático... Felipe le ha invitado a comer... Pero donde ha producido mejor impresión ha sido

---

[76] This anticipates *La mujer fría*, where the title character has the allure of sexual experience for Fernando and Edma the lesser attraction for him of innocence and virginity. Edma will show awareness of the advantage Blanca has over her in this respect, emblematised via Edma's wish to use the same perfume as Blanca.

[77] Whether she really does not know or is deluding herself, the reader can see that she is indirectly seeking a moral justification for her extra-marital affair with a man far younger than her husband.

entre las señoras... Muchas han venido a preguntarme quién era... Me han dicho que era muy interesante.... Eso me gusta y me contraría a un tiempo... Matilde me pidió que se lo presentase; no me pude excusar; y mientras Adolfo no me dejaba atender a nadie, contándome no sé qué memada, ella desplegaba delante de Manuel todo su arsenal de coqueterías. Lo que más me disgustaba era que le miraba con una mirada de *conocedora,* como si aquilatase su valor. Tiene en los ojos una cosa especial... Es como esos *catadores* de las grandes bodegas, que ya conocen los años y la calidad de los vinos por el olor. Suerte que Manuel no le ha prestado atención... Viene muy enamorado y con mucho deseo de estar a mi lado para fijarse en otras...; pero luego..., pasado algún tiempo... Sí; lo mejor es que Manuel no venga en mis días de recepción...

* * *

20 Noviembre.

Al fin nos vimos a solas.[78] ¡Qué locura! Manuel no es rico para tener un gabinetito, y, en cambio, es lo bastante orgulloso para no permitir que lo pague yo. Tendremos que vernos a salto de mata,[79] como una chicuela cualquiera que se escapa de su casa con un estudiante. Eso es un encanto más. Pone más de aventura y de juventud en nuestros amores.

La primera visita ha sido en un gabinetito de no sé qué casa a donde me ha hecho entrar él. Me esperaba en la esquina y casi me arrastró agarrado a mi brazo, como el que huye, como el que tiene miedo de que le roben lo que más ansía...

Me ha dado las quejas por mi manera de recibirlo... me ha confesado que tuvo celos de Adolfo... ¡Celos de Adolfo! ¡Qué absurdo! Me hace una ofensa. ¡Pensar que yo podía mirar a aquel viejo barrigón y desdentado! Le he sacado mi espejito de bolsillo y se lo he puesto delante de los ojos para que comprenda la diferencia que hay entre los dos. ¡Manuel es feíllo... pero tan juvenil y tan simpático!

Yo me encontraba allí despojada de mi personalidad, de esa cosa respetable que él debe hallar en mí cuando lo recibo en mi casa. Me ha tratado de otro modo... He llegado a casa pasada la hora de comer... otro menos preocupado que Felipe hubiera notado mi turbación. Ya no volveré a verlo

---

[78] Notice how long they have had to wait for this. The date is 20 November and we know she has been in Madrid without him since 28 October at least.

[79] 'We'll have to see each other on the spur of the moment, whenever the opportunity presents itself.'

allí más... he tenido mucho miedo al salir... Un amigo de Felipe... la Policía. ¡Qué horror! No volveré más.

* * *

25 Noviembre.

Manuel no tiene ya celos de Felipe. Un marido no inspira celos... sus celos son de los otros... Es una cosa terrible ser celoso... Por fortuna, yo no lo soy... Ayer vino Matilde a invitarme para un té en su casa, y me encargó mucho que llevase a *mi amiguito*...[80]

No haré tal cosa. Sería capaz de querer comprometerlo, y estoy segura de que no me podría contener y nos iríamos a las manos como... como dos mujeres... Esto no es por celos, no... es por dignidad...[81] Yo no puedo tolerar ver a Manuel con ninguna mujer... Porque él no necesita eso... Yo estoy obligada a tratar a los amigos de mi marido, y esto no debe importarle. Estoy tan habituada a tratarlos, que no me producen impresión. Me pasa como a los sacristanes con los santos. ¿Qué respeto pueden tenerle a un San Pedro o a un San Juan, al que le sacuden el polvo con los zorros, o a un Evangelista al que tienen que componerle el brazo que sostiene el libro o a un Nazareno al que le dan Sidol en la corona dorada?[82]

Les pierden el respeto. Es lo que me sucede a mí. Felipe me ha hecho tratar tantos amigos suyos, que a fuerza de estar entre ellos no me dan esa impresión que veo que experimentan otras... que piensan en que son hombres... Si no hubiese sido por la quiebra sentimental del amor de Manuel, lo que es contra todos los hombres de sociedad estaba yo bien asegurada de incendios.[83]

* * *

1.º Diciembre.

Nos hemos atrevido a dejar el coche e internarnos a pie por el paseo de la Moncloa.

No se puede pasear aquí en estos jardinitos; parecen hechos para que no

---

[80] 'and she really pressed me to bring along my "little friend".'

[81] This is unconvincing; it seems to be another example of Pili's self-delusion.

[82] A reference to images of saints traditionally found in Catholic churches, which the sacristans keep clean and in good repair. *Zorros* are like a feather-duster and Sidol is a brand of metal polish.

[83] Once again, Pili is open to accusations of self-deception as she rewrites history: far from being 'bien asegurada de incendios' or 'bomb-proof', she seemed to be needing and looking for love at the beginning of the summer.

entre nadie... Nos hemos internado por los descampados, cerca del Arroyo de Cantarranas.[84]

Tanto me acariciaba Manuel, que tenía miedo de que algún guarda nos dijese algo. Le conté la aventura de un amigo nuestro, el doctor Guevara, que estuvo allí con un amigo suyo y la novia de éste. El paseo y el aire libre despertaron el apetito de los tres, y el doctor se ofreció a ir a buscar unos fiambres y una botella de vino para improvisar una merienda. Los dos novios se quedaron solos, el doctor tardaba, la tarde era una de esas hermosas tardes maduras, como ésta... Se acariciaban a su sabor cuando apareció el guarda y les invitó a seguirlos. El novio apeló a todos los recursos, promesas, dádivas; el guarda se mantenía inflexible... En este momento apareció el doctor triunfante, con las botellas en la mano y el paquetito colgando, sujeto a un bramante. Entonces el novio tuvo una inspiración:

—¿Ve usted?—dijo al guarda— Ese es el marido... Ahora haga usted lo que quiera.

El hombre dudó un momento; pero el aspecto de felicidad y de alegría del supuesto esposo lo conmovió...

Guardó silencio y aceptó unas rodajitas de salchichón, brindando maliciosamente por la salud del *buen doctor*. Este no se enteró del caso hasta dos días después, y vino a consultar a Felipe qué debía hacer. Su caso era extraordinario. Él había sido el marido de aquella mujer, el marido engañado, delante del guarda. Debía pedir una satisfacción al amigo desleal...;[85] se sentía *marido*. Le molestaban ya aquellos amores... Se había creado una situación anormal desde el momento en que alguien lo consideraba como el esposo de aquella mujer. Le costó trabajo a Felipe calmarlo.

* * *

2 Diciembre

Cada día se vuelve más intransigente Manuel. Dice que es que me quiere más. Hoy me ha dado un disgusto porque ayer, al despedir a las visitas, González, el viejo senador, retuvo mi mano demasiado tiempo...; yo no lo noté, ni mi marido tampoco. Ya hace tiempo que, por no enfadarle, esquivo el que me besen la mano... Él tiene razón... Un beso es siempre un beso... Debía desaparecer la costumbre de dar la mano... Hay manos

---

[84] This waterway, now underground, ran along one of the sides of the Moncloa gardens, which were to become the Ciudad Universitaria.

[85] 'satisfacción' in this context means a duel (or equivalent).

viscosas que se escapan, que no hacen presión... Manos de persona falsa..., no falla... En cambio, otras parece que se han adiestrado en esas manos de los campos de recreo que dan un premio a quien apriete más...[86] Y los que se quedan con la mano entre las suyas y mirando a los ojos... ¡Cuánto tolera la sociedad! A mí me agrada el salvajismo de mi Manuel.

Desde que sé que se puede sugestionar dando la mano me da miedo. Es que yo le he concedido siempre a la mano mucha importancia. Cuando niña gustaba mucho de jugar sola, y dejando a un lado mis juguetes, cortaba con las tijeras muñecas de papel blanco. Cuando no lo tenía blanco, las cortaba de papel de periódico, cuidando de dejar los blancos en la cabeza. Yo concebía el tipo de belleza con la cabecita redondeada, los hombros caídos, los brazos largos, cuerpo de ánfora[87] y pies pequeños; pies calzados, porque siempre les ponía tacones. Lo que no me atrevía a hacer eran las manos... Para las manos me faltaba la fantasía; prefería hacer un muñón informe y no profanar la mano.

Con aquellos muñecos yo hacía comedias y novelas; otras veces eran actores de las que yo había leído. Tenían rasgos que les diferenciaban y les hacían más o menos bellos; pero eran juguetes sin alma, porque no tenían manos.

* * *

9 Diciembre.

¡Qué deliciosas escapatorias hago con Manuel! Nos vamos juntos al café, y pasamos reunidos la tarde. Si alguien nos viera no tendría importancia. ¿No es el hijo de mi amiga de la infancia? Yo tomaría aires de madrecita joven. Además a Felipe le parecerá lo más natural del mundo que encuentre a Manuel en la calle y tenga el capricho de entrar en el café. Siempre me está diciendo:

—¿Pero por qué no viene Aznar? Invítale a comer. Haz que te acompañe al teatro...

No desconfía nada absolutamente. Es que ningún marido desconfía del que se aleja. Y esos suelen ser los más peligrosos.[88] Ayer, por poco,

---

[86] 'Others, by contrast, seem to have trained in playground games where the one who can squeeze hardest wins a prize.'

[87] 'hourglass figure' (an *ánfora* is a pitcher with two handles and a narrow neck).

[88] The anecdote Pili is about to recount clarifies the meaning of this reflection. 'El que se aleja' refers to a man who distances himself from a married couple and is likely to escape suspicion thereby from the husband, who is unaware that this is, on the contrary, a danger signal.

cometo yo una indiscreción terrible. Mi amigo Mateos ha venido hace poco de América, acompañado de un joven diplomático, del que quería ser padrino... Le presentó a todos sus conocimientos... Me lo recomendó mucho, y después de unas semanas de asiduidad, desapareció, sin que le volviera a ver.

Hace pocos días, Laura, que lleva la vida de todo el mundo, me dijo:

—Sabes aquel diplomático americano[89] que te presentó Mateos, ha alquilado una *garçonière*[90] enfrente de mi casa. He averiguado que recibe a una señora; debe ser una gran dama, según las precauciones que toma...; es alta, elegante. El otro día mandó al portero que le llevase pasteles, una botella de Jerez y plátanos; en esos casos se llevan siempre plátanos... Me ha dicho el portero que oyó que la llamaba Anita... Además hemos averiguado que es rubia como el oro... por un cabello que se ha quedado entre las púas del peine... Yo sabré quién es...

Me reí de este empeño de la pobre Laura, que desde que se ha hecho vieja se ocupa de aventuras ajenas; y no me había vuelto a acordar, hasta que ayer me visitó Mateos.

—¿Ve usted a mi amigo el diplomático?—me preguntó—. Hace un siglo que no sé nada de él... No sé dónde se mete.

Iba a contarle lo que me había revelado Laura, cuando él añadió:

—Anita está un poco delicada, me ha dado recuerdos para usted.

El nombre de Anita fue para mí una revelación. ¿Anita?... ¿Rubia?... ¿El marido no sabe del amigo?... No hay que dudar... Me asusta la indiscreción que iba a cometer... ¡Esa inocencia es de todos los maridos! Por eso se mantiene el orden social...

Me contó Felipe que el marqués de Villaoscura dice siempre en el círculo:

—¡Diablo, yo sé quiénes son las amantes de todos mis amigos; de la única que no he podido enterarme es de la de Mendoza!...

Y todo el mundo sabe que es la marquesa de Villaoscura.

Felipe se ríe mucho de todo eso pero no le sirve de experiencia.

—Este Manolito Aznar—me dice— no se deja ver, debe tener algún amorío por ahí. Hay que buscarle una novia y casarlo.

¡Delicioso!

---

[89] In the Spanish of this period (and today to a lesser extent) *americano* can safely be taken to mean South American; a North American would be *norteamericano*, *estadounidense*, or *yanqui*.

[90] 'bachelor flat'; notice how the loan word from French (though the spelling is somewhat hispanicised as the French is *garçonnière*) imbues the term with sexually racy overtones.

Entretanto nosotros lo pasamos muy bien. Hoy hemos estado en el café, un café perdido en un barrio extremo, solitario, uno de esos cafés que tienen un recogimiento, un aire de inocencia que no parece que puedan albergar cierta clase de relaciones. Nos hemos sentido como dos buenos burgueses, marido y mujer que pasan su tarde de reposo. Él escribía en la mesa del café lo que temía que se oyese hablando como hablábamos en silencio.

Quisiera recordar lo escrito en la mesa de mármol para que no se me escape esa hora íntima... Era algo demasiado rebuscado..., quizás más hijo de su talento que de su cariño... Es ese, quizá, también el defecto que tienen sus cartas...: están demasiado bien escritas... Me gusta mucho que me escriba; y como no tiene otra cosa que hacer, recibo cartas interminables todos los días... Y se empeñaba en que le contestase... Ya se ha convencido de que yo no puedo hacerlo, y escribe él solo.

* * *

20 Diciembre.

He consentido en dedicarle un día entero a Manuel. ¡Qué día! ¡Estoy rendida!

Hemos ido en el fondo de un cochecito simón[91] a pasear por la Moncloa, con el paso muy lento, muy lento, como si el caballo y el cochero durmiesen; hemos visto pasar los árboles, sintiendo una sensación de libertad como cuando paseábamos por los alrededores de la quinta. Encontramos pocas personas. En Madrid hay poca afición a pasear por el campo.... Después hemos ido a comer a un gabinetito reservado en los Burgaleses.[92]

Manuel ha hecho un menú delicioso, con un aplomo de hombre acostumbrado a estas cosas que me asombra.

El camarero ha cubierto la mesa de viandas, ha destapado las botellas y después se ha marchado diciendo:

—Los señores llamarán cuando necesiten algo, pero con un aire que parecía decir:

—Estén descuidados, que no los hemos de interrumpir.[93]

---

[91] A horse-drawn cab, the Madrid equivalent of a hansom cab, except that the latter was a two-wheeler and the *coche simón* was a four-wheeler.
[92] Presumably the name of a restaurant, but I have not been able to trace it. *Burgaleses* are people from Burgos, an area associated with good food and drink, so this seems plausible.
[93] 'Don't worry: we shan't disturb you', from which Pili infers that the waiter realises she and Manuel are an illicit couple who want to be alone together.

Me quedé un poco confusa; pero Manuel se echó a reír y me arrastró con él a la mesa. Una aceitunilla aliñada..., un rabanillo..., una anchoa..., y detrás de cada cosa de éstas una copa de vino... Vino tinto de un rojo negro admirable..., vino rosado, vino color de té... Vino amarillo... ¡Cuántos vinos había pedido Manuel! En mi vida he bebido tanto[94]... Apenas comí más que un pedacito de pechuga en gelatina, que parecía un niño dentro de un canastillo; la habitación daba vueltas en torno mío. Me he abrazado al cuello de Manuel como el que siente que se va a caer. Mi sangre ardía, se centuplicaba mi amor. ¡Es inconcebible cómo nos hemos amado!

No sé a qué hora he llegado a casa; he tenido que decir que estaba enferma y meterme en la cama. Tenía un miedo feroz a que el olor a vino me delatase... no hacía más que ponerme paños de agua de Colonia y esparcir perfume... Al fin me quedé dormida, y hoy me levanté con un dolor de cabeza atroz. Yo lo atribuí a los perfumes para evitar el empeño de Felipe en que me viera un médico. Ya va pasando. Me queda esta deliciosa laxitud de recién casada, que es el encanto de la luna de miel.

* * *

1.º Enero.

Hoy es mi cumpleaños.

Manuel me ha enviado flores y bombones. Sabe lo que me gustan los bombones... Me embriago a veces comiendo bombones llenos de licor... ¡Tantos tomo! Es la única manera digna de embriagarse.

Vino mucha gente a felicitarme; pero Manuel no ha venido... Esto me molestó bastante..., y estuve de mal humor una buena parte del día.

Felipe ha estado asiduo, obsequioso, galante... ¡Qué bueno es! La verdad es que él no se ocupa de ninguna mujer; le absorbe su trabajo, sus cálculos... A mí me remuerde un poco la conciencia cuando le veo tan fiel y tan confiado...; pero, después de todo, no le hago ningún mal...; él es feliz, se siente amado..., y le amo, en medio de todo, sinceramente... Esta noche[95] estoy segura que no ha podido notar que le he robado ninguna caricia.

—Ahora—me ha dicho, mirándome con pasión—estás más bella, más mujer...; has progresado, más...

Me he puesto encarnada de esta alusión a mis quejas y mi pasividad de otras veces.

---

[94] 'I have never drunk so much in my whole life'; the negative is understood with the expression 'en mi [tu, su, etc.] vida'.
[95] Here, this means 'last night'; in another context it could have meant 'tonight'.

Heme aquí en pleno idilio con mi marido...

* * *

2 Enero.

Los regalos de 1.º de año son encantadores. ¡Hay tanta espiritualidad, tanta fantasía!

He comprado un dije para Manuel y otro para Felipe. El primero es un trébol de cuatro hojas de oro, con esmalte verde, sembrado de puntitas de brillantes, como si fuesen rocío; el de Felipe, una *sanjuanita* de brillantes y rubíes sobre un redondel de oro. Son los fetiches de la buena suerte... Así verán que me he acordado de los dos...

* * *

3 Enero.

El regalo que me ha enviado Felipe es verdaderamente regio. ¡Qué sacrificio representa para un negociante privarse de una cantidad así para emplearla en una cosa muerta, en vez de hacerla producir! Esto le debe haber costado un tesoro... Es uno de los brillantes más grandes que he visto..., un brillante azul, divino, con una talla maravillosa, colgando de una cadenita de oro, fina como una hebra de seda que casi no se ve, y el brillante cae sobre el descote o sobre el vestido como una gota de luz.

No habrá en Madrid ninguno como el mío. ¡Cuánto quiero hoy a mi marido!

* * *

5 Enero.

Mi marido quiere encargarme a París un vestido y un abrigo, que no sé a qué modisto encargar. Cada uno tiene su *cachet* especial. Hay el modisto de las cocotes,[96] de las reinas, de las excéntricas... Casi todas preferimos a los primeros... Tienen más gracia, más seducción. Wort es demasiado suntuoso; parecen sus trajes armaduras de guerrero, por lo brillantes, o evocaciones de Bruneguilda, Fredegunda y demás princesas carlovingias,

---

96 This is a hispanicised spelling of the French *cocotte*, used for a woman of easy virtue who moved in the upper echelons of French society (or was a social climber aiming to get there). The French term was in common usage in nineteenth- and early twentieth-century French.

con la solemnidad de sus mantos.[97] Rerferden[98] es el maestro de la línea: sus trajes princesa requieren cuerpos... princesa... Princesa de leyenda: alta, severa, majestuosa... Al fin, el que más me gusta es Paquen[99]... Está más en el término medio. La elegancia sin la exageración. Hay poca diferencia entre los trajes de casa y los de baile. Los de calle son sencillos, severos, hasta austeros. Está bien eso. Debe haber una distinción, una dignidad en la mujer para no mostrar sus encantos a todos; para evitar la promiscuidad de la calle... Los descotes, las desnudeces deben lucir en el salón o en la intimidad. Quizás es éste un resabio árabe,[100] que velan las mujeres por la calle y las cubren de joyas en el harén.

* * *

6 Enero.

Ya me he comprado un vestido negro, con un bordado egipcio en sedas y oro, y otro de *charmeusse* rosa con encajes Chantilly.[101] Dos maravillas. Lo que me han hecho sufrir para la prueba. Primero un modelo de mi cuerpo en una tela tosca... Después, las innumerables sesiones de dos horas de pie cada una. Seguir la línea del cuerpo, llevar el hilo de la tela de acuerdo con él. Todo esto requiere conocimientos especiales que no tienen las modistas vulgares.

---

[97] Pili misspells Worth, the fashion house founded by Charles Frederick Worth (1825–95) and continued by his sons after their father's death. Their business was flourishing in the 1920s (Krick 2000). Pili's reference to the Worth style as sumptuous, fits with Krick's description, which mentions the use of 'dramatic fabrics and lavish trimmings'. Brunhilde, also known as Brunhilda, Brunhild, Brunehilde, Brunechild, Brunehaut (about AD 545–613) was the daughter of Visigoth king, Athanagild. She married King Sigebert of Austrasia (today's northeastern France and western Germany) in 567, when her sister Galswintha married Sigebert's half-brother, Chilperic, king of neighbouring Neustria (today's northern France). When Chilperic's mistress, Fredegunde, engineered Galswintha's murder and then married Chilperic, forty years of war began, reputedly at the urging of Brunhilde, anxious for revenge. The Carolingian dynasty ran from 751 to 887, so Pili is incorrect here in her chronology. These characters in fact belong in the Merovingian period (AD 457–751).

[98] A misspelling of John Redfern (1853–1929), a fashion designer of English origin, but with premises in Paris. He was known for his high-waisted styles, which Pili refers to here using a Spanish version of what is called 'princess line' in English.

[99] Pili means Jeanne Paquin (1869–1956), the first woman to run a Paris haute couture fashion house and also the first to bring her wares to Madrid (in 1914).

[100] 'a vestige of Arab culture'.

[101] By 'charmeusse', Pili means *charmeuse*, a woven silk fabric with a satin finish. Chantilly lace, named after the French town where it originates, has intricate outlined patterns traditionally made from silk thread.

Por cierto que en los trajes sastre las levitas las prueba un hombre y la falda una mujer.[102]

Después de hecho todo es cuando viene el gran modisto y da los últimos toques insignificantes, al parecer, pero que dan una gracia nueva a todo el conjunto, lo hacen vivir. Son como los grandes pintores dando las últimas pinceladas que deciden de la luz en los cuadros de sus discípulos. A mí me parece que es como poner su rúbrica en el vestido.

* * *

8 Enero.

Tengo una nueva amiga: la esposa de un socio de mi marido, ya de bastante edad, que está casado con una señora que no es joven tampoco. He intimado mucho con la señora, y los acompaño a comer con frecuencia. Allí, al menos, no me sirven ya el *souffle* de queso que está de moda... La comida es sencilla. Nadie sirve ahora más que tres platos; pero son escogidos, y se bebe un Champagne muy fresco, que tiene el buen gusto de tener fuera de la botella, — en un jarro de cristal de Bohemia. No es como en otras casas, en las que es preciso hacernos oír el taponazo y mancharnos de espuma para lucir su Champagne. Además, estos cristales finos hacen fino lo que se bebe en ellos. Tiene algo de piedra preciosa. Está la mesa llena de tantas graciosas inutilidades, que hacen más grata la comida. La plata está un poco oxidada para que no tenga la vulgar brillantez de la plata nueva...

...Mi amiga invita siempre a la mesa a su doctor... Un joven que puede ser su hijo, y que es *su amigo del alma.* Me ha hecho la confesión de que, para no perderlo, piensa casarlo con una señorita asturiana, millonaria y medio tonta, cuya casa gobernará ella, la *madrina.* Al primer niño se lo traerá con ella para enseñarlo a llamarla mamá.

—Así —me ha dicho —él tendrá obligaciones que le comprometan y le distraigan de la tentación... Como estará casado con una mujer a la que no ama, se evita que pueda hacer un casamiento por amor...; y como no se entenderá con ella, yo soy insustituible... Además aseguro su situación: su mujer le lleva diez millones de dote.

¡Y luego decimos que son frívolas las mujeres!

* * *

---

[102] 'As a matter of fact, for a tailored suit, a man does the fittings for the jackets and a woman for the skirt.'

9 Enero.

Hoy he ido a la Ópera con otra de mis amigas. Una francesa de unos cuarenta y cinco años, encantadora.

En Francia parece que no hay jóvenes; todas las que son interesantes pasan de los treinta y cinco, por lo menos.

Así es que no es sólo París el paraíso de los hombres, sino el de las mujeres.

Nos ha acompañado *el amigo*[103] de la señora, porque el marido estaba ocupado. Es un caso notable el que ofrece este matrimonio. Parece que el marido no podía aguantar a su mujer, a la que ama entrañablemente, porque ella estaba siempre irritada, nerviosa..., insufrible, hasta que conoció a este amigo, que ha tornado su carácter en bondadoso, risueño, complaciente y encantador. El buen señor, a trueque de no tener tempestades domésticas y ver contenta a su esposa, tolera al amigo, lo mima y hasta va a buscarlo cuando se retrasa. Así la vida de los tres es un paraíso. Me han dicho que este caso suele repetirse en su país; hay muchas mujeres y hombres que toleran una amiga o un amigo, por tal de ver a su cónyuge dichoso. Yo lo comprendo... Si perdiese a Manuel me volvería insufrible.... No volvería a mirar a Felipe... ¡Pero qué poco me acuerdo estos días de Manuel![104]

* * *

9 Febrero.[105]

Mi traje negro me proporciona numerosas conquistas. Cada vez que salgo a la calle traigo detrás una cola de pretendientes. Estos pretendientes españoles que se pasan unos cuantos días paseando la calle, hasta que se desengañan y se marchan tranquila y melancólicamente.

Hay uno que no se cansa, que me sigue todos los días. Un hombre muy elegante, con un aire de gran señor, con esas ojeras y esa cara de cansancio de los hombres que han vivido mucho. Quisiera saber quién es. Me interesa.

* * *

---

[103] Even without italics it would be easy to surmise that this is a euphemism for 'lover'.

[104] This realisation has come to the reader before Pili records the fact here, for her recent diary entries suggest that he is no longer her centre of interest.

[105] Notice that a month has elapsed since the last entry and there will be an even longer gap before the next one. Has keeping the diary as an outlet for difficult feelings and thoughts begun to lose momentum? Does this signal that Pili has come to terms with her infidelity to Felipe? The lack of guilty reflections or self-justification in the content of this entry seems to suggest this.

1.º Junio.

Tengo sobre la mesa el ramo de lirios que me ha enviado Manuel... Ahora cada vez que nos vemos a solas me envía un ramo de lirios... Ese rasgo delicado me molesta... Me marea el perfume de esas flores, se me hacen odiosas.[106]

Por si él viene, mando que las pongan en el salón, y no entro hasta que se marchitan... Pero es tan exigente, que antes de que se marchite un ramo, ya tengo otro.

* * *

1.º Julio.

Ya me he decidido a que mi veraneo sea este año en San Sebastián. Felipe me acompaña. Me he disculpado con Manuel diciéndole que es mi marido quien lo ha dispuesto así. Él se ve obligado a ir al pueblo; tanto por el cariño que le tiene a su madre como por su situación económica, que no le consiente estos gastos. En San Sebastián haría mal papel..., ya anda medianillo de ropa...[107] Y creo que se casa la hermana, aquella niña rubia tan ideal, con el médico del pueblo... Él es el jefe de la familia, y tiene que estar allí...

El pobre se ha tenido que marchar hoy. Lloraba como un niño, lloraba mucho... ¡Me quiere de corazón! Confieso que en la despedida he sentido despertarse toda mi ilusión... lo mismo que en la terraza de la quinta. Hemos sido muy felices... Hemos quedado en que me escribirá a la Lista de Correos;[108] que yo también le escribiré, y que el invierno... ¿Quién sabe? De aquí allá hay tiempo de pensarlo.

* * *

[106] The importance of smells – good and bad – once again appears in the writing of de Burgos as influencing sexual desire. Specifically, the idea of a bouquet and its perfume, evoking for the recipient the desirability or otherwise of the man who gave it, anticipates *Puñal de claveles*. It is thus made clear here that Pili's attraction to Manuel is well and truly over and has even turned to repugnance.

[107] San Sebastián was a fashionable high-society summer resort for Madrilenians, where people could be expected to be judgemental about others' wardrobes and such like. Pili, whose feelings for Manuel have cooled, wants to cut a dash, rather than have a provincial youngster like him in tow. The fact, revealed in the following sentence, that she *believes* his sister is to be married speaks volumes: either he has told her this but she was not interested in his conversation or life and so barely listened, or they see each other so seldom now and his news is so unimportant to her that she has half forgotten what he said. The question in the reader's mind is whether these declining feelings are mutual. The next paragraph provides the answer.

[108] The Spanish equivalent of Poste Restante. It means letters from Manuel will not be delivered to Pili's home but be held at the post office for her to collect.

5 Julio.

Me he levantado temprano para escribirle a Manuel, ya que no pude hacerlo anoche. Apenas había preparado el papel, oí los pasos de Felipe, que venía a llamar a mi puerta. Pero Manuel no conocerá nada de esto en mi carta. Será como si se la hubiese escrito anoche. Después de todo, yo me estaba muriendo de sueño.

* * *

18 Julio.

Qué cansada estoy de los preparativos de viaje... Tantas compras, tanto que empaquetar... Por suerte, estos vestidos de ahora y esta lencería tan escasa y tan fina permiten llevar todas las *toiletes*[109] y la ropa blanca[110] en un solo baúl mundo... No quiero llevar demasiado porque pienso comprarme allí... Además haremos una excursión a París. Felipe me quiere cada vez más y me llevará a la *rue* de la Paix. Pienso divertirme este verano mucho... Es una justa recompensa, después de estos aburridos inviernos de Madrid.

Después de todo, no hay amor como el de mi maridito..., ni tan cómodo. Mis relaciones con Manuel son una locura, hija de un romanticismo inaudito... Más bien una curiosidad... ¡Pobre muchacho!..., lo va a sentir... Lo había tomado en serio... No me pesa que lo sienta...[111]

El 18 de este mes hace un año que nos conocimos. ¡Un año ya, Dios mío! Esto ha durado demasiado tiempo. Va siendo un segundo matrimonio. Verdad es que ha sido mi primer amante.[112] Ahora ya tengo otra experiencia... Decididamente no le escribo más a Manuel. No quiero un segundo marido.

---

[109] Pili's misspelling of the French word 'toilette' refers to her toiletries and cosmetics. She is revealing her pretentiousness by borrowing a French word, as she preens herself over her fashionable holiday destination, the planned trip to Paris and the street there famous for its fashion houses. Her poor spelling in French, here and elsewhere, as we have seen, adds a layer of irony as the author undermines her attempts to show off her refinement.

[110] This may refer to the same lingerie items as those called *lencería* above, but could also include household linen.

[111] Pili's remarks set the seal on her antipathetic characterisation. Her '¡Pobre muchacho!' is condescending; her comment that he had taken their affair seriously conveniently forgets that she had too until she grew bored with him; and the fact that she claims not to be sorry to have hurt him is not only heartless but also vain, since her only reason for not regretting this must be that it flatters her to have broken a young man's heart.

[112] The implication is that far from feeling contrite, Manuel is only to be – or maybe already is – the first of a succession of lovers.

La mujer fría

I

La entrada de Blanca en su palco del teatro de la Princesa[1] produjo la expectación que causaba siempre. La atención del público se apartó de la obra para mirarla a ella. De los palcos y las butacas se le dirigían todos los gemelos, y hasta las gentes que no la conocían, las que ocupaban las modestas localidades altas, seguían el movimiento general deslumbradas por aquella belleza.

Alta y esbelta, sus curvas, su silueta toda y su carne eran la de una estatua. Despojándose de su capa blanca como espuma de mar, su escote, su rostro y sus brazos tenían esa tonalidad blanco-azulina que, merced a la luz azul, toman las carnes de las bailarinas rusas cuando forman grupos estatuarios.[2] Era un rostro y un cuerpo de estatua. No había en ella color, sino línea, y ésta tan perfecta, que bastaba para seducir. Sus cabellos, de un rubio de lino, casi ceniza, contribuían a esa expresión. Las cejas y las pestañas se hacían notar por la sombra más que por el color, y los labios, pálidos también, se acusaban por el corte puro y gracioso de la boca. Hasta los ojos, grandísimos, brillantes, de un verde límpido y fuerte, lucían como dos magníficas esmeraldas incrustadas en el mármol.

Un traje rojo-naranja, de una tonalidad entre marrón y amarillo, se ceñía a su cuerpo como una llama, y sin embargo, en la retina de todos quedaba la sensación de frío que producían su carne, sus cabellos, sus ojos, y las piedras frías de las esmeraldas que adornaban su garganta con un soberbio collar a «lo disen».[3]

Un caballero la saludaba desde una platea, y ella devolvió el saludo con un ademán gracioso, algo de movimiento de gozne, y con una sutil sonrisa muy femenina que dejó brillar sus dientes alabastrinos con una línea de luz.

—Marcelo la conoce —dijo, volviéndose hacia sus compañeros, un señor de rostro fresco y cabeza calva—. La ha saludado desde el palco de su cuñada.

—Es preciso que nos dé noticias exactas de ella —dijeron, casi a un

---

[1] This theatre is now called Teatro María Guerrero. It seems that the seating has been modernised, with no stage boxes any more. The Liceu Opera House in Barcelona has the more traditional layout still, a plan and photograph of which can be seen at <www.liceubarcelona.cat/es/localidades-y-abonos/plano.html>.
[2] Seemingly a reference to classical ballets such as *Giselle* and *Swan Lake,* when the dancers of the corps de ballet, dressed in white, adopt frozen identical poses.
[3] 'disen' is a deliberate misspelling of *dicen*, mimicking for humorous purposes a certain pronunciation to remark on how ostentatious the necklace is.

tiempo, los jóvenes y los cotorrones que ocupaban aquel proscenio, peña de amigos que se erigen en censores y jueces de todas las bellezas mundanas o de escenario,[4] y no faltan jamás a esos proscenios de abono[5] en todos los teatros, luciendo sus pecheras, sus botonaduras y sus esmokins, que acusan la última moda en la colocación de un botón o en la variante de una solapa.

—Yo tengo ya noticias de ella —dijo un jovencito delgado, con cabeza de pájaro desplumado que sostuviese los lentes sobre el pico.

—Cuenta.

—Creo que es vascongada y que vivía en un nido de águilas allá en los Pirineos, de donde la sacó un noble francés, millonario, que tuvo el buen gusto de morirse, dejándole una inmensa fortuna.

—¿Es viuda?

—Por segunda vez.

—No se descuida para ser tan joven.[6]

—No puede calcularse la edad de una estatua.

—El caso es que ella se dedicó a viajar. Ha estado en la India, en el Egipto... y al fin se casó con un noble austriaco, el conde de no sé cuántos,[7] que también ha muerto.

—¡Es una mujer magnífica!

—¡Extraordinaria!

—¡Original!

Los gemelos insistían sobre ella, que seguía indiferente mirando al escenario mientras la contemplaban.

Cayó el telón. Los hombres se pusieron de pie, lanzando miradas y saludos a todos los lados, pero coincidiendo en la atenta observación de que hacían objeto a la recién venida.

La mayoría acabó por salir al foyer a fumar un cigarrillo o a cumplir el deber mundano de ir entre bastidores.[8] Eran pocos los que se habían fijado en la obra.

Corría de boca en boca lo poco que se sabía de aquella mujer, y las

---

[4] A *peña* here refers to a clique of men, who set themselves up as critics and judges of the looks of all the women on- and offstage.

[5] Seats at Spanish theatres are traditionally bought with a season ticket – 'un abono' – rather than for one performance at a time. The 'palcos de proscenio', or stage-boxes, are apparently where the cliques of talent-spotting men tended to sit, an excellent vantage-point from which to view the audience as well as the performers.

[6] 'Considering how young she is, that's pretty fast footwork.'

[7] 'The Count of something-or-other.'

[8] 'Ir entre bastidores' is to go backstage. The 'deber mundano' to do so is a wry reference to the tolerance in society of young men having affairs with actresses.

damas, que se contentaban, para desentumecerse, con cambiar de sitio en sus palcos, preguntaban a los amigos que iban a saludarlas.

No había más que aquellas noticias: Era española, de raza vasca, dos veces viuda, rica, con un nombre ilustre. Se había instalado con lujo en Madrid, en un magnífico hotel rodeado de jardín en la Castellana.[9] Tenía coches y automóviles;[10] se la veía en todos los teatros, pero no recibía ni sostenía relaciones con nadie. Por eso sorprendía la presencia en su palco de don Marcelo, el viejo senador, solterón y galante, que había ido a saludarla y departía con ella, en una actitud obsequiosa y rendida.

Esperaban muchos en los pasillos a que saliese de allí para abordarlo y preguntarle, pero el timbre anunciador de que se iba a levantar el telón sonaba insistente con esa llamada nerviosa, de urgencia, y era preciso ir acomodándose en sus puestos. Marcelo siguió allí todo el acto, con una sonrisa socarrona, como si supiese que lo esperaban y le gustara defraudarlos.

—Esta noche tendré un gran éxito si voy a la Peña o al Casino[11] al salir de aquí —decía—. Basta estar cerca de usted para despertar la curiosidad. No hay ojos en el teatro más que para usted.

—Pues crea que eso me causaría pesar. Estoy deseosa de serenidad, de reposo, de vivir mi vida sin que reparen en mí.

—Es usted demasiado joven y hermosa, señora, para conseguir eso, y sobre todo en estos países meridionales, tan llenos de curiosidad y de pasión.

—¿Olvida usted cómo me llamaban en Viena cuando nos conocimos?

—«La mujer fría.» Razón de más para que mis compatriotas, jóvenes y fogosos, se lancen con entusiasmo a la empresa de derretir el hielo. Le aseguro a usted que esta es la vez única en que me alegro de ser viejo.

—No lo comprendo.

—Mi vejez me libra del ridículo de hacerla a usted el amor[12] y de la vergüenza de la derrota.

Rió ella y dijo amable:

—¡Quién sabe! Tal vez el que usted no aborde la empresa me libra a mí del vencimiento.

---

[9] The Paseo de la Castellana is one of the main avenues of Madrid; to have a house there might be compared with having one in Park Lane in London.
[10] *Coche* here and throughout means a horse-drawn carriage, with *automóvil* used for a motor-car.
[11] A false friend: in this context it is something like a gentlemen's club.
[12] Another false friend: not to make love in its modern sense, but to court, woo, flirt with.

—¡Oh, esa condescendencia de usted, amiga mía, es el peor de los síntomas! Las mujeres sólo hacen esas confesiones delante del hombre a quien no temen.

—Es usted la única persona a quien conozco en España. Me ha causado una sorpresa agradable encontrarlo, pero le ruego a usted que sea discreto, no diga lo poco que sepa de mí; no quisiera que me molestasen aquí con esa curiosidad que me persigue en todas partes y me hace no sentirme a gusto en ninguna.

—Madrid no es a propósito para no ser notada, es como una capital de provincia.

—Es que lo mismo me ha ocurrido en Londres... en París... Es una fatalidad...

Y de pronto, como agitada por un pensamiento triste, su mano enguantada asió el brazo de Marcelo, diciendo:

—Pero, ¿ve usted en mí algo de extraordinario, si no es el ser demasiado rubia, demasiado blanca?...

Él leía en su pensamiento su temor, y le respondió con viveza:

—Sólo el ser demasiado hermosa.

Sonrió ella, no satisfecha de la cortesía, cuya falta de sinceridad notaba, y se puso de pie.

—¿Se va usted sin acabar la función?

—Sí... no quiero encontrarme al salir con toda esa gente.

Ponía en sus palabras el eco de desprecio que sienten hacia la multitud todos los que son admirados.

Marcelo le ayudó a envolverse en su capa de armiño, con blancor de espuma, y le ofreció el brazo para acompañarla al coche. Al entrar encontró a todos los amigos, que habían dejado su palco. Lo acogieron con preguntas.

—¿Quién es?

—¿Dónde se ha ido?

—¿Qué sabes de ella?

—¿Me presentarás?

Él, ante aquella curiosidad de jauría sobre una pista, sintió algo de descontento hacia unas costumbres, que fueron las suyas siempre, al recordar el temor y la molestia de la mujer perseguida, y se propuso ser discreto. No diría las versiones que acerca de ella había escuchado en Austria. Se limitó a responder:

—La conocí con su marido en Viena, es la señora viuda de Hozenchis. Una millonaria muy guapa, como habrán ustedes podido observar.

—Magnífica... pero extraña... causa una sensación inexplicable... de frío...

—¡Bah! ¡Imaginaciones! Que es un poco más blanca y más rubia que lo ordinario. Eso es todo. Buenas noches.

Y se alejó, después de echar ese jarro de agua helada sobre el entusiasmo de los jóvenes.

II

La curiosidad seguía despierta en torno de aquella mujer elegante, bella, de una belleza tan extraordinaria, que se rodeaba de un misterio impenetrable. No aceptaba jamás ninguna invitación, no recibía ni hacía visitas, iba a los teatros, a los paseos, siempre sola, y de sus fabulosas riquezas daban idea los trenes, el lujo del hotel y sus joyas y sus trajes.

Únicamente don Marcelo era su amigo, el que la visitaba, la acompañaba en su coche y era recibido en su casa y en su mesa. Se veía diariamente asediado por hombres y mujeres que deseaban ser presentados a la misteriosa señora de Hozenchis, pero él se disculpaba siempre. Afectaba una gran familiaridad con ella, y para nombrarla usaba sólo su nombre: «Blanca». Al mismo tiempo que se negaba a hacer presentaciones, que le estaban prohibidas, afectaba una gran discreción, que despertaba más la curiosidad. En una de esas confidencias, Marcelo había dejado caer el denominativo de «La mujer fría», que arraigó instantáneamente. Este apelativo se recordaba en la evocación o en la presencia de Blanca: ponía frío en los ojos. Se diría que llevaba en torno ese halo luminoso que rodea los faroles encendidos en las noches de helada, cuando su luz aparece fría, cuajada, lechosa.

Sus trajes, casi siempre de tonos fríos; sus joyas, en las que no entraban más piedras que los ópalos, las perlas, las esmeraldas, las turquesas y los brillantes, tenían siempre como algo de frío o de fatídico. Al verlas brillar sobre el seno, en la carne de la blanca y compacta opacidad de alabastro, parecían una escarcha que brillaba con la luz.

Los que habían oído su voz decían que era entonada, armoniosa; pero penetrante, con algo de hoja de acero fría y cortante, igual que la mirada de aquellos ojos grandes y verdes, los cuales penetraban como saetas en el corazón, haciendo experimentar al que los miraba un escalofrío en la médula.

Las damas estaban intrigadas por saber qué perfume bien oliente usaba, que tenía una mezcla de oriental y de algo extraño y dejaba, al aspirarlo, cuando pasaba cerca, a pesar de su tenue discreción, la sensación fría del mentol.

Marcelo había prometido enterarse de la marca del perfume a sus sobrinas Edma y Rosa, dos lindos y graciosos diablillos de diez y ocho y veintidós años, que lo rodearon ansiosas en cuanto lo vieron entrar en el salón.

—¿Nos traes el secreto?

—¿Qué marca es?

Él sonrió satisfecho, con ese encanto de los buenos viejos que sienten la caricia femenina del perfume de las mujeres bonitas, y repuso:

—¿Por qué tanta curiosidad?

—Porque quisiéramos perfumarnos como ella —dijo Rosa.

—No lo necesitáis, tenéis un perfume de juventud que se exhala de vuestra carne.

—Sí, sí. Galanterías tuyas —atajó Edma—. Se habla mucho de la belleza de lo natural, de la bondad, de la inocencia; pero yo veo que los hombres gustan más de los labios pintados y sabios. Se dejan a sus virtuosas mujeres por una «perversa». ¿No les llamáis así?

—¡Me asustas, chiquilla! —repuso don Marcelo—, ¿quién te enseña esas teorías?

—Me parece que se ve bastante para que no sea preciso decirnos nada... Yo, por mí, quiero saberlo todo... para que el día que me case no tenga mi marido que ir a buscar nada en otra parte.[13]

—No le haga usted caso, tío, está un poco chiflada, porque se cree que Fernandito está enamorado de la señora de Haz... etc.

—¡Celos y todo!

Se habían ido acercando al grupo formado por una docena de jóvenes de ambos sexos que tomaban el té. La jovencita le murmuró al oído:

—Sé discreto, tito, por Dios.

Rosa se había acercado a otras cuatro muchachas y hablaba animadamente con ellas.

—Es preciso saber si tiene o no la fórmula —fue el final de aquella deliberación.

—Sí, hijitas, sí la tengo —dijo don Marcelo—; pero es una cosa tan difícil, que es como si nada dijera. Ese perfume de Blanca está sacado de

---

[13] Edma's words identify her as a 'moderna' of the 1920s. These were cosmopolitan women who shortened their skirts, bobbed their hair, and challenged the previous generation's ideas about femininity and morality, including the idealisation of ignorance, disguised as innocence. Consider how different this Madrilenian eighteen-year-old is from the twenty-year-old Pura of rural Andalusia in *Puñal de claveles*.

uno de los venenos más activos y sutiles: del acetato de bencyl,[14] que, como ya se sabe, es el que ha servido para la composición de los gases asfixiantes, y que mediante una costosa operación se convierte en un perfume parecido a la sampaguita de la Arabia.

Las jóvenes se quedaron desconcertadas; verdaderamente era difícil luchar con una mujer que podía emplear tales recursos. Experimentaban como un odio, un deseo de vengarse de ella, de aquella superioridad con la que involuntariamente las humillaba.

—Todo es extraño en esa mujer —dijo una de las jóvenes.

—Y lo más extraño es ella misma —repuso uno de los caballeros—. Yo no conozco nada más original. Es un bloque de mármol con alma.

—Pero —, añadió la joven— tal vez hay en esa impresión mucho de lo que ella cuida de aparentar. Entra en la figura que se ha trazado[15] la necesidad de ser hermética. El no dejarse ver de cerca.

—Si yo fuera tan galante como me creen —dijo don Marcelo—, les daría la razón a estas niñas y hablaría mal de «La mujer fría», seguro de que así era agradable y simpático, pero soy un buen amigo de Blanca y debo hacerle justicia. Tratada es más interesante que vista así de lejos.

—¿Y no da sensación de frialdad?

—La hay siempre en ella; mientras se le habla causa la impresión que se experimenta en la sierra cuando se abre la ventana frente a los picos nevados. Algo frío y tónico que encanta.

—Pero que no da gana de acercarse —añadió burlona Edma.

—No diría yo tanto.

—Es que ella está enamorada de su nombre —añadió otra señora—, se ve que hace por merecerlo[16] en cómo se viste y se adorna. Además, hasta en los movimientos da aspecto de frialdad, se desliza...

—Es que sufre la influencia de su nombre —dijo un joven de mirada inteligente—. Los nombres tienen colores y propiedades. Blanca es un nombre frío.

—¿Y el mío? —preguntó riendo otra jovencita.

—Mercedes es un nombre azul.

---

[14] Benzyl acetate is a primary constituent of the essential oils from the jasmine flower, which can cause mild to moderate irritation of skin, eyes, and lungs rather than being a lethal poison. However, this presentation of it contributes to the portrayal of Blanca as strange, exotically alluring, and dangerous in a snake-like way. At the same time, it creates dramatic irony, since we shall infer that she uses perfume to try to mask the smell of death on her breath.
[15] 'the image she has created for herself'.
[16] 'she clearly makes sure she lives up to it'.

—Es que Ernesto es romántico, no hagan ustedes caso de su fantasía —dijo otro elegante.

—En cambio, Fernando no dice nada.

La mirada de Edma se fijó celosa sobre el joven. Él alzó la cabeza, de expresión franca y noble, dijo con sencillez:

—Nada puedo decir de una señora a la que apenas conozco y —añadió, mirando a Edma, como si quisiera tranquilizarla— que nada me interesa.

Rosita traía la taza de té ya servida a don Marcelo. Este fue a sentarse cerca de una señora un poco opulenta, de grandes ojos negros, diciendo:

—Aquí no tengo miedo de sentir frío.

—Pues usted parece aficionado a la nieve —repuso ella.

—No lo negaré; aunque es regla que no se debe elogiar a una mujer ausente delante de otras, son aquí todas lo bastante bellas e inteligentes para poder hacerlo sin peligro de molestar. Blanca, en la intimidad, es encantadora.

—Es lástima que no se pueda comprobar —dijo Rosa, burlona.

—No lo creas. Hay una ocasión de comprobarlo. He logrado que Blanca acceda a que la presente en esta casa.

El soplo de una sorpresa diferente para las jóvenes y los caballeros pasó por el salón. Don Marcelo se gozó en ella con una larga pausa, y al fin dijo:

—Sí; cuando le pregunté a Blanca el misterio de su perfume, le dije que se trataba de vosotras. Se rió mucho de vuestra curiosidad, y como yo le hablé con entusiasmo de vuestra belleza, y le dije que desearía presentaros, ella accedió a venir conmigo. La traeré el próximo día de recepción.

—¡Qué idea! —murmuró Rosa.

—La verdad es que no sabremos qué decirle a esa señora que... hiela las palabras.

—No tengáis cuidado; aunque en Madrid se ha dado en mirar a Blanca como un ser extraño y pensáis que os vais a encontrar en presencia de una monja exclaustrada que va por primera vez al mundo, Blanca es una mujer distinguida, una señora dignísima. La sociedad vienesa es severa, y ella era una de las damas más respetables.

Pero las chicas ya no lo oían, se habían juntado todas a deliberar. Era preciso "vestirse", hacer "toilette" para recibir a esa señora y no quedar eclipsadas por ella.

Los jóvenes hablaban también animadamente entre sí. Se veía que estaban contentos, que no faltaría ninguno. Se sentían felices al pensar que iban a descifrar una charada tan difícil y poder pasear la solución entre todo aquel mundo de desocupados que perseguía a Blanca con su curiosidad, quizás, más que por su belleza, por como estaba defendida en su situación de privilegio para ser hermética e inabordable.

III

Curioseaban todos en el gran salón del hotel de Blanca, sorprendidos por aquel extraño estilo de decoración, que no era de ninguna época ni se parecía a nada.[17] Era el salón internacional, la mezcla de todos los estilos, de todos los tiempos, las que se acumulaban allí, sin tomar, a pesar de prodigarse tanto los «bibelots»,[18] aspecto de casa de anticuario o de bazar. Por el contrario, los objetos más distintos se unían de un modo extraño para formar un todo armónico.

Las paredes, laqueadas de azul angélico, estaban cubiertas de cuadros de arte mezclados a cornucopias, terra-cotta de Andrea della Robbia[19] y tapices de Arras y de Gobelinos.[20] En las vitrinas, sobre los bargueños y las cornisas, lucían cristales de Venecia, de Murano, y Gallé[21] alternaba con la cerámica de todos los países, pero dominando los amarillos y los azules. Porcelanas chinas, con las flores de almendro deshojándose en su azul de noche; porcelanas de Dinamarca con los barcos de ensueño, en el claro azul de espuma de mar en día de sol; porcelanas de Delft[22] con sus holandesitas de blancas tocas en el azul de tempestad. Porcelana de Talavera con su amarillo de rastrojo reseco, o el verde requemado de planta sequeriza y sedienta, que representaban la aridez ardorosa de Castilla.[23]

Sobre todo en los muebles se podía decir que se había suprimido el mueble; tal aparecían todos de desiguales, de raros. Sillones floridos, de

[17] The description of the room need not be laboriously translated, though information is provided in footnotes and the items can be seen on Google images. The key point to grasp is the extraordinary luxury and originality of Blanca's choice of décor.

[18] 'despite the profusion of little ornaments'.

[19] Andrea della Robbia (1435–1525), known for his glazed terracotta sculptures.

[20] Arras, in northern France, famous for its tapestries in medieval times. Gobelino tapestries date from fifteenth-century Paris.

[21] Venice and the small island of Murano close by, well known for their high-value crystal and glass ornaments. Emile Gallé (1846–1904), known for his Art Nouveau crystal and glass.

[22] Delft in the Netherlands, known for its ceramics. It is misspelt in the original publication and later editions as 'Delp'.

[23] Talavera de la Reina, in Castile, produces ceramics considered as highly as Delft pottery. De Burgos relates the colours used on these ceramics to the arid Castilian landscape, mentioning the yellow of dry stubble (*rastrojo*) in the fields and the dull green – *verde requemado* – of plants that can survive the climatic conditions. The prefix *re-*, used in *reseco* and *requemado*, is an intensifier.

ligeras maderas pintadas, de Noruega, cerca del amplio, cómodo, pesante y monacal sillón frailero; y las doradas sillas de Luis XV, las cretonas butaquitas Pompadour, las rayas de seda de María Antonieta y las coronas del Imperio.[24]

Comentaban en voz baja:
—Está demasiado recargado.
—Es un alarde.
—Parece un Museo.

Satisfecha la primera curiosidad, se miraron unas a otras. Se habían puesto de acuerdo tácitamente para ir todas de colores claros y de blanco. En el té en casa de doña Matilde fue vano el alarde de trajes suntuosos, de creaciones de los grandes modistos, en diferentes tonos, que llevaban las señoras. Blanca las venció con su blancura, con su vestido de paño blanco, su gran piel de armiño, su sombrero de tisú, y su gran velo de encaje todo en plata. Estaba sugestiva, atrevida. Gracias a esa blancura fría se disimulaba el tono frío de su carnación, de un blanco tan puro que no llevaba diluido ni amarillo ni rosa, sólo, quizás, un poco de añil, para dar en algunos cambios de luz el tono violáceo a su carne.

Ahora que todas la imitaban, como cortesanas, ella aparecía vestida de negro, deslumbradora con aquel vestido de crespón chino, que se ceñía a su cuerpo con la flexibilidad del crespón, bordado de oro, de un modo a la par soberbio y fúnebre. Contra todos los usos,[25] era la manga larga y el escote alto. Su mano calzaba guante negro, y su cabeza de piedra con las esmeraldas incrustadas,[26] tenía apariencia de cabeza cortada descansando en el negro pedestal.

Saludaba dominando y suprimiendo el ritual. Ni besaba a las damas ni se dejaba besar el guante por los caballeros, sin impedirlo más que con el gesto de tender la mano.[27] Detrás de ella aparecían jugueteando dos docenas de perritos de los más minúsculos, blanquísimos y perfumados con esencias de flores distintas.

—Está usted hermosamente trágica —le dijo don Marcelo.

Ella se estremeció como en un leve tiritón, y sus pupilas palidecieron un poco, declarando:

---

[24] 'Louis XV gold chairs, Pompadour armchairs upholstered in cretonne and Marie-Antoinette silk striped fabric, decorated with Imperial crowns.'

[25] 'Completely flouting convention'.

[26] This metaphor, likening her head to a marble sculpture and her green eyes to emeralds encrusted in it, is reminiscent of the seventeenth-century poetry of Luis de Góngora.

[27] This means she held out her hand to greet her guests in such a way that it was clear she intended to shake hands with them and nothing more.

—No hable usted jamás de tragedia —dijo—; yo soy supersticiosa y creo que las palabras representan seres reales, en vez de imágenes de nuestro cerebro, y que hay evocaciones peligrosas.

—Parece usted andaluza —dijo doña Matilde.

—Es que no son los andaluces los más supersticiosos. Al contrario. Con su luz y con su sol no viven fácilmente los fantasmas. Yo soy del Norte, de la región montañosa donde todas las leyendas tienen asiento. En cada picacho de los Pirineos vive una bruja.

—O un hada —intervino Ernesto.

Ella rió.

Su risa tenía el eco de las ondas de un glacial[28] chocando unas con otras, sonora como un carillón.

Fue recorriendo los grupos de todos sus invitados;[29] tenía un cumplido y una frase amable para cada uno. Tuvo el buen gusto de hallar encantadores el vestido de raso ciruela bordado en cuentas de madera azul, y el abrigo de piel de topo de doña Matilde, y los graciosos vestidos de las niñas. Edma estaba encantadora con su trajecito a cuadros rojos y negros, y el sombrero pequeñín adornado de una cola de guacamayo; y Rosa, pequeñita y nerviosa, con su vestido rosa y su gorrita de seda azul.

—¡Oh, la juventud! —dijo con algo de coquetería, de quien la siente retozar en la sangre—.[30] ¡Qué bellas están con tan poco esfuerzo!

Sabía que era preciso hablar a las señoras de sus trajes o de sus accesorios. A ésta le elogió sus plumas «cirée», a aquélla el «paraíso» de su sombrero negro, a la otra su bolsillo de «beige» y plata.[31]

Todos jugaban con los perrillos, revoltosos, acariciantes, y se formaban grupos en torno de las diversas mesitas—, el perfume tibio del té parecía poner toda su cordialidad en el gran salón, para que todos se sintiesen a gusto. Se establecía esa confianza que establece la merienda, la camaradería de la mesa, y a la que no se llegaría, sin su complicidad, en mucho tiempo.

---

[28] Presumably, a typographical error, as *glacial* is an adjective, meaning 'glacial'. A word, such as *río* or *mar*, seems to have been omitted.

[29] 'She worked her way round all the groups of her guests'.

[30] '"Ah! What it is to be young!" she said somewhat coquettishly, as if she could feel her own youth bubbling in her veins.'

[31] These are all polite compliments on the ladies' fashionable attire. Note the use of French loan words: *cirée* ('waxed') and *beige*; as in English, using French, especially for fashion terminology, suggests refinement and prestige. The *paraíso* probably refers to one or more feathers from a bird of paradise used as a decoration on the lady's hat. One such hat can be seen on <http://inkup.blogspot.co.uk/2011/12/plume-hunter.html>. Although *bolsillo* usually means 'pocket' in modern Spanish, these were formerly separate little purses (as 'pockets' were in English).

Blanca, a pesar de su animación, de sus risas, de sus frases oportunas, sentía una preocupación. Sus ojos se volvían con frecuencia hacia la puerta. Al fin dijo:

—Parece que no están aquí todas las personas a quienes tuve el gusto de invitar la tarde pasada.

Se miraron unos a otros como si inventariaran, y Ernesto dijo:

—Sí, falta Fernando.

—¿No vendrá?

Edma se adelantó a responder con una audacia extraordinaria:

—Sí, me ha prometido venir a buscarnos.

Sus ojos pardos se fijaban con una expresión de celoso desafío en los ojos verdes, sosteniendo valiente aquel estremecimiento que le producía su frialdad. Blanca se limitó a responder algo secamente:

—Lo celebro.

Nadie había advertido la especie de desafío que se acababa de cruzar entre aquella mujer extraña y dominadora, y la muchachita sencilla que se aprestaba a defender su amor. Las dos se habían comprendido. Sabían que ellas no se engañaban: que se disputaban a un hombre.

IV

La verja del hotel los separaba del paseo de la Castellana, como si los alejase a muchos kilómetros de distancia. Se oían apenas los ecos de los coches que pasaban a aquella hora de la noche con paso perezoso, como si el caballo y el cochero fuesen dormidos y sólo velase dentro de ellos la pareja enamorada sumergida en su ensueño, o los románticos que deambulaban envueltos también en el encanto de la noche madrileña o en una evocación de la ciudad legendaria.

Blanca había mandado apagar los focos eléctricos, y el jardín, alumbrado sólo por la luna, tenía esas tonalidades de violeta y plata que pone la sombra y la luz de la noche en el campo.

—Estas noches —dijo Fernando, que estaba sentado junto a ella— son mis rivales. En vez de mirarme a mí miras al cielo.

—¡Me gusta tanto ver el cielo! Las estrellas son mis antiguas conocidas. Yo sé los nombres de todas... No saben esta pasión por las estrellas los que no han vivido en la soledad de las montañas o han navegado mucho. Yo he pasado mi niñez entre las fragosidades del Pirineo.

—Sin duda de tanto mirar al cielo han tomado tus ojos esa luz verde y fría. Mientras tú miras las estrellas yo te miro los ojos, que es como mirar al cielo.[32]

—Es que tienen algo que me atraen. Esas estrellas que han servido durante tanto tiempo de guías de viajeros, dan deseo de viajar; se comprende el mito de los Magos siguiendo una estrella como se persigue una quimera.

—O, sustituyendo los términos, como yo persigo tu cariño.

—No eres justo. Sabes que yo te quiero... te he amado quizás antes que tú a mí: desde que te vi en el teatro con don Marcelo aquella noche. Ya sabes que fue sólo por ti por lo que me presté a ir a casa de las señoras de Meléndez. ¡Quizás hice mal!

—¿Te arrepientes?

—Me apena saber el estado de esa pobre muchacha que estaba enamorada de ti y con la que tú has sido ingrato.

—Ingrato, quizás; traidor, no. Yo no le había prometido casarme con ella.

—Pero la amabas.

—La quería. La quería como se quiere a una hermana, a una persona buena, inteligente, familiar, sin esa pasión que quema, que arrastra la vida toda. Esa pasión que tú me has inspirado, y que de no encontrarte, quizás hubiese pasado por la vida sin conocer.

—Entonces te hubieras casado con ella.

—Tal vez sí.

—¿Y no te habías comprometido?

—No. Parecía que algo me hacía presentir que había de llegar «otra mujer».

—Yo siento ser la causa de la desesperación de esa niña. Ha venido a verme don Marcelo, mi viejo amigo, que ha dejado de serlo desde que nos amamos, a decirme que esa criatura se muere... La madre quiere venir a suplicarme... hasta ella misma, que piensa que yo acepto tu cariño ofendida por la arrogancia con que ella me lo disputaba.

Fernando se estremeció y la miró ansioso.

—No —dijo ella—, no soy capaz de esa baja pasión, y, sin embargo, no me deben creer capaz del inmenso amor que te tengo cuando vienen a exigirme que renuncie a mi felicidad por la felicidad de otra. ¿Acaso la mía no es tan respetable como la suya? ¿Es que en el amor pueden existir derechos de prioridad o de cualquier clase que sean? No. Es que no comprenden que una mujer que ha sido casada y madre, pueda amar hasta

---

[32] As well as 'sky', *cielo* means 'heaven' and is a term of endearment.

con más vehemencia que una criatura que aún no sabe lo que es el amor.

—Es que mucha gente no se da cuenta de tu amor, Blanca. No olvides que te llaman la «Mujer fría». Creen que esa cosa que hay en tu tipo de augusto, de sereno, que llega a ser helado, se comunica al alma.

Ella guardó silencio.

—Yo mismo —siguió él— no podía esperar que me amases. Te aseguro que de no decírmelo tú, no hubiera sido capaz de confesarte mi amor. Tan alta y tan superior a todas las mujeres te veía.

—¡Oh, no me trates como a una diosa! Es preferible ser mujer. Si me vieras como a una divinidad, estaría perdida.

—Si te he de ser sincero, sentí una especie de dolor al verme amado. Es una confesión que tal vez no debiera hacerte; pero la «Mujer fría», inabordable, me daba la seguridad de que era incapaz de... haber... amado a nadie.

—Y así era... Tú eres mi amor primero y único, Fernando.

—¿Por qué me desesperas entonces?

—No quiero ser tu amante.

—Sé mi esposa.

—No.

—¿Por qué?

—Tengo la seguridad de que el amor se extinguiría al realizarse. Prefiero alejarme llevándolo en mi alma y dejándolo en la tuya.

—Pero eso es una crueldad.

—Menor que la de matar un sentimiento que tanta felicidad nos proporciona.

—¿Pero no comprendes que he puesto en ti toda mi vida?

En el arrebato de su pasión, Fernando se apoderó de las manos de Blanca y las estrechó entre las suyas.

Aquellas manos estaban heladas, yertas; no era la frialdad del mármol ni de la nieve, era la frialdad de la carne helada, la frialdad de la muerte.

Ella quiso esquivarlo, pero él la enlazó por el talle[33] y la apretó entre sus brazos. Parecía vencida, dejaba caer la cabeza sobre su hombro, los cabellos ceniza cosquilleaban la mejilla de Fernando, semejantes a una lluvia de copos de nieve que le daban una sensación agradable. Besó el rostro helado, iluminado por la luz fría de los ojos de esmeralda y la luz de la luna, que lo hacía un poco cárdeno, poniendo manchas violáceas en la sombra de las facciones. La besaba loco, apasionado, como si quisiera darle

---

[33] 'he put his arms around her waist'.

calor y vida con sus besos, mientras que sus manos corrían apreciando febriles las magníficas curvas del busto de estatua.

Los ojos se habían entornado,[34] elevando hacia arriba la pupila, que brillaban como un hilo de luz encendida a través de la pequeña abertura: luz de su alma.[35] Bebía él con sus labios aquella luz fría, rostro con rostro, sin lograr darle calor. No sentía el aliento de Blanca. Era como si no respirase... Decidido a consumarse en la pasión, unió sus labios a los suyos... Sus brazos se abrieron, se apartó de ella, que cayó desfallecida en el banco, y se apoyó en el tronco de un eucaliptus para enjugar el sudor que corría por su rostro.

En aquel beso de amor había percibido claramente el vaho frío y pestilente de un cadáver.

Cuando se recobró, quiso disimular su impresión. Al mirarla tan bella, tan blanca, abandonada como en éxtasis, sin haber pronunciado una palabra ni hecho un movimiento, se arrepentía de aquel arranque, hijo de una impresión falsa, seguramente. Era preciso hacerle creer en su caballerosidad, ya que, contagiado de frío, no podía volver a encontrar los ardores de su pasión.

—Blanca mía —dijo, echándose de rodillas a los pies de la joven—, perdóname este arrebato. Ya ves que, a pesar de todo, sé respetarte.

Blanca abrió los ojos. Si hubo pasión primero y dolor o tempestad después en su alma, ésta no había trascendido al semblante.[36] Estaba serena, impasible. No le dio una queja ni por su arrebato ni por su cordura.

—La noche es cómplice, con su melancolía, de muchas cosas —dijo—. La melancolía hace más amantes que la alegría. Se duerme la voluntad.

Parecía disculparse de su flaqueza. Sin duda no había notado el verdadero motivo de la súbita cordura de Fernando. Él quiso ser galante y no darse cuenta de la entrega de sí misma que le había hecho.[37]

—Tu voluntad, Blanca, no se duerme nunca, sino cuando está segura de hallarse bien guardada a mi amparo.

Sonrió ella, como si agradeciera el cumplido, y dijo:

—Pero es tarde. Mi reloj de estrellas anuncia el amanecer... Es preciso separarnos.

---

[34] 'Her eyes were half-closed'.
[35] This draws on the traditional idea that eyes are the windows of the soul.
[36] 'If she had felt passion first and then pain or a storm in her soul, she did not show it.'
[37] 'He decided to behave in a gallant fashion and pretend not to have noticed how she had yielded to him.'

Se puso de pie, y esta vez fue ella la que le tendió la mano yerta, que le produjo la impresión de cadáver, hasta el punto de no atreverse a besarla.

Lo acompañó ella misma hasta la puerta de la verja, y, como siempre, lo siguió con los gemelos por entre los claros de la yedra, viéndolo detenerse y volver la cabeza de minuto en minuto.

V

Cuando estuvo bastante lejos para no poder ser visto desde el hotel, Fernando se apartó de la acera y fue a sentarse en uno de los grandes sillones de hierro colocados debajo de los árboles de Recoletos,[38] y ya casi desiertos a aquella hora. Sólo algunos rezagados habían hecho una especie de cama, entre dos de ellos, y dormitaban al fresco, con los chalecos desabrochados y la cabeza descubierta. Ya se habían cerrado los puestecillos de refresco, y aún quedaba en el ambiente esa especie de vibración que resta de la muchedumbre.

Estaba aturdido. Amaba a Blanca con una pasión terrible, avasalladora, capaz de todo. Era como si de las pupilas verdes se desprendiese una chispa fría y magnética que lo encadenase. No tenía vida ni voluntad más que para ella. Su pasión no era sólo espiritual, era una pasión física que lo abrasaba, y, sin embargo, no podía aspirar a ser satisfecha. Cada vez que se aproximaba a ella, que la tocaba, sentía una quemadura de nieve, pero con una sensación extraña, como si tocase un cadáver. Él no se había dado cuenta de aquel helor[39] al principio de sus relaciones. Pensó que aquel nombre de «La mujer fría» era debido a la clase de belleza inexpresiva y extraña de Blanca, y también a su carácter reservado, retraído, indiferente a los amores que despertaba. En ese sentido tomó su nombre, que llegaba a complacerle. Habría una mayor gloria en conseguir el amor de una de esas mujeres excepcionales, incapaces de amor. En el fondo del amor de mujeres como Cleopatra o Lucrecia Borgia[40] debía haber a algo semejante a una gota de

---

[38] A well-known avenue in Madrid.

[39] In editions other than the first, *hedor* ('stench') replaces *helor* ('iciness'), which alters the thrust of this passage significantly by emphasising disgust rather than Blanca's resemblance to an inanimate statue and losing the contrast with the burning images just before.

[40] Cleopatra ruled Egypt from 51 to 30 BC. Famed for her power, beauty, and love affairs with Julius Caesar and Mark Antony, the latter's death led her to commit suicide by self-poisoning with a snake. As well as Shakespeare's *Antony and Cleopatra*, her image as a femme fatale might have been bolstered in Fernando's imagination by a silent Hollywood film of 1917 (dir. J. Gordon Edwards), in which she was played seductively by Theda Bara. Lucrezia Borgia (1480–1519) was the daughter of future

licor celestial que sólo pudieran libar hombres contados, hombres que se debieran sentir gloriosos, como los pastores de Atis cuando descendían hasta ellos las diosas para llevarse un hijo de mortal bajo sus ceñidores.[41]

Había sido para él una sorpresa el contacto frío de aquella mujer. De no estar tan enamorado, hubiese huido de ella. La miraba a veces con miedo, con terror. Hoy por vez primera sentía una impresión de asco. No podía dudar que del fondo de aquella boca, de tan débil aliento, salía un olor de entrañas descompuestas. No era ese olor vulgar de las personas de aliento impuro, era algo más pavoroso, más repugnante.

Ahora, reconstruyendo la escena en su imaginación, temía que Blanca se hubiera dado cuenta de todo. Acaso no era la primera vez que causaba esa impresión en un enamorado y ya sabía lo que había de suceder. Por eso sin duda su virtud era tan austera, tan vigilante, virtud de fea, a pesar de su belleza. Le mordían los celos. Pensaba que quizás aquella mujer había vivido muchos idilios semejantes, y por eso se negaba a ser suya, queriendo dejarle un ansia y una ilusión insaciada, quizás como venganza de todos los demás que la habían abandonado.

¿Habría sido siempre así, en sus matrimonios y en su maternidad?

Sentía una ansiedad de saber, de profundizar el misterio. No podía dejar de amar a aquella mujer extraordinaria. Era un suplicio, ya varias veces repetido, el de aquella sensación de frío, que al llegar ansioso y temblando de pasión a ella, lo detenía, como una ducha. Le causaba la emoción penosa, extraña, ese frío que había en sus manos, en su rostro, en su carne toda.

Y ahora, que por vez primera había unido los labios a los suyos, se estremecía pensando en la impresión de terror, de repugnancia, que la felicidad soñada le había hecho experimentar.

Al fin se levantó, subió todo el paseo de Recoletos y entró con paso lento en la calle de Alcalá. Al llegar frente al Casino, se cruzó con un caballero que a pesar del calor iba envuelto en un amplio abrigo de cuello

---

Pope Alexander VI and a member of the infamous Borgia family of Renaissance Italy. Her legendary image is of a satanic murderess, based on cultural representations of her, such as in Victor Hugo's play *Lucrèce Borgia* (1833) and Donizetti's opera (1834). Modern-day historians have largely discredited this, but Fernando is thinking here, no doubt, of her image as spell-binding but lethal.

[41] In classical mythology, the goddess Cybele or Agdistis fell in love with the shepherd Attis who, driven mad by this, castrated himself. Rituals of the associated cult may have involved self-castration by novices to the priesthood. De Burgos's reference suggests Fernando's adoration of Blanca makes him equate her with a goddess and gestures towards the sacred yet destructive and perhaps emasculating power of obsessive love.

subido hasta los ojos que salía del edificio, dirigiéndose hacía un coche. En el aire conoció al viejo senador.[42]

—¡Don Marcelo!

Lo llamaba sin darse cuenta, como un grito de su alma, como un quejido, y tal acento desgarrador había en su voz, que el anciano señor se detuvo, lo miró un momento y, sin contestar, le hizo seña de que lo siguiera. Subió a su coche, cerrado y con la portezuela abierta, dijo al joven:

—Dispénseme, pero los viejos, aun en verano, necesitamos cuidar el vientecillo de la noche.

—Don Marcelo, quería hablar con usted.

—Pero hijo, la hora no es a propósito, me he entretenido con las cartas esta noche más que de costumbre.[43] Empezó mal la suerte, me empeñé, sabiendo que como es hembra no es muy constante, y en efecto, he ganado... me he entretenido con el halago. Me muero de sueño y de cansancio.

—¿Dónde podría verlo a usted mañana?

—¿Para qué?

Se escuchó entre los labios del viejo una especie de silbido de indiferencia, esa sílaba «Pchs» alargada que tan bien dice la pregunta afirmativa de desprecio: «¿Y a mí qué puede importarme nada tuyo?»

Pero lo miró, y el aspecto del joven era tan pálido, tan conmovido, de un dolor tan sincero, que dijo:

—Bien. El mejor sitio de hablar sin que nos interrumpan es en la propia casa. Venga usted luego a la mía.

—¿A qué hora?

—Me levantaré tarde. A eso de las dos. Buenos días.

El viejo hizo un último signo de despedida y el joven iba a cerrar la portezuela, cuando lo detuvo.

—Después de todo, tal vez sea mejor que suba usted. Estoy algo nervioso y no me dormiré fácilmente. Lo mejor es que demos un paseo por las afueras; contemplaremos uno de estos amaneceres de Madrid y hablaremos. No respondo, cuando me acueste, de dar señales de mí hasta la hora de volver al Casino.

---

[42] 'He recognised the elderly senator by his manner.'
[43] 'I got more carried away than usual tonight playing cards.'

VI

El coche cruzó la Puerta del Sol[44] en su hora de más sombra y soledad, que daba una sensación de ribera con su asfalto espejeante por el rocío, subió la calle del Arenal, pasó al lado del teatro Real, atravesó la vieja plaza de la Encarnación, donde vive la leyenda de la Edad Media,[45] y poco después entraba en el paseo de Rosales, esa «frontera» de la ciudad que hace a Madrid algo de provincia litoral, como recuerdo de un ancho mar que cubriese la llanura. Los caballos bajaron la cuesta y siguieron el camino de los jardines de María Luisa.

Los dos hombres habían guardado silencio mientras cruzaban las calles. La ciudad, aun dormida, les daba la idea de multitud ante la que debían ocultar su secreto. Callaban de ese modo instintivo con que callan los viajeros que cruzan un túnel. Cuando salieron a la Moncloa,[46] en pleno campo, pareció que los unía una mayor confianza. Se habían borrado las estrellas del cielo y éste estaba esclarecido por un gris rosa, luminoso, que parecía escaparse y penetrar bajo los árboles, a través de sus troncos, mientras que en lo alto se refugiaba la sombra al amparo de las copas.

Aquel sitio se prestaba a la confidencia; los jardines de María Luisa[47] ponían algo de más pintoresco al lugar con el nombre de aquella reina de cara de bruja, que retrató Goya, y que sin embargo guardaba cierto prestigio de amorosa, gracias a su adulterio en las frondas de la Moncloa.

Fernando hizo ante don Marcelo su confesión general.[48] Sabía que lo

---

[44] One of the most famous squares in Madrid. The route taken need not be followed street by street; the important point is that the two men are heading out of town so that they can have a quiet private talk. However, all the landmarks mentioned can be seen by the curious reader via Google images. Madrid was the author's adoptive city; her affection for it takes centre stage in some of her other writing, such as *Los negociantes de la Puerta del Sol* (1919), but is discernible in the background here.

[45] This probably refers to Saint Pantaleón's blood, a relic kept in the Real Monasterio de la Encarnación, located in the square. The legend is that the saint's blood liquefies every year on 27 June, his feast-day.

[46] The Palacio de la Moncloa is the Prime Minister's official residence nowadays, but although it was already state property in de Burgos's time, it did not yet have this function. With the growth of Madrid, it is no longer in the middle of the countryside, as described here.

[47] María Luisa of Parma, wife of King Charles IV, was Queen consort of Spain from 1788 to 1808. There are many famous paintings of her, especially by Goya. She was rumoured to have had an affair with the Prime Minister, Manuel de Godoy, amongst others.

[48] A figure of speech: a general confession forms part of the Catholic sacrament of penance and takes place when believers wish to take stock of their whole life to date and seek absolution for all their sins, either because they have never confessed before or

escuchaba un hombre de mundo y de gran corazón, capaz de comprender aquella pasión loca que se había apoderado de él, trastornándolo hasta el punto de ver casi indiferente los tormentos de la que había elegido para su esposa antes de conocer a Blanca, y con la que lo ligaban tantos años de juventud vividos juntos.

El anciano lo oía tratando de disimular su interés y la especie de complacencia que experimentaba al escuchar aquel lenguaje, que era como la música olvidada que iba despertando ecos y recuerdos en su corazón.

Parecía atento a mirar el paisaje, que se desvelaba y acusaba líneas y colores con mayor brillantez de momento en momento.[49] Cruzaban cerca del coche otros carruajes y automóviles que llevaban a los trasnochadores de la «Casa Camorra».[50]

La mayoría de los coches iban abarrotados de gente; salían de ellos risas y gritos con acentos cansados y falsos; sólo se alcanzaba a distinguir las siluetas y las cabezas que se mecían, con la carrera, en un balanceo de peleles.

Cuando cesó de hablar Fernando, don Marcelo le contestó:

—Bien; pero ¿por qué me dices todo eso? Es que Blanca te rechaza y vuelves de nuevo a pensar en Edma, la pobre niña que no sabe ocultar su amor y su daño a nadie.

Él vaciló en responder, y don Marcelo añadió:

—Si no es eso, no comprendo qué puedas tener que decirme. No olvides que yo soy tío de Edma, y que me acuso de haber sido, en cierto modo, causa de lo que sucede.

—Es que yo mismo no sé lo que quiero. He llegado a conquistar el amor de Blanca, la adoro, sin dejar de querer a Edma, y cuando ha caído enamorada en mis brazos, la he rechazado, presa de una repulsión inexplicable. No sé si ese sentimiento es hijo de esta dualidad de dos mujeres que hay en mi alma, o si existe algo de real. Es usted la única persona que tiene antecedentes del pasado de Blanca, que puede revelarme algo, y le suplico que no me lo oculte.

Don Marcelo guardaba silencio. El coche había pasado Puerta de Hierro[51] y continuaba en dirección a la Cuesta de las Perdices, como si

---

because they have not done so for a long time or are entering an important new stage of their life, such as marriage or the priesthood; or because they are believed to be close to death.

[49] 'He seemed to be concentrating on looking at the view, which was gradually becoming discernible as its outlines and colours brightened.'

[50] A well-known restaurant at the time of *La mujer fría*.

[51] A landmark on the northwestern outskirts of Madrid, dating from the eighteenth century.

el cochero se hubiese propuesto llegar al fin del mundo marchando en línea recta, mientras no le dijeran que volviese. Era ya día claro. Todo el cielo ostentaba un celeste suave, incendiando al oriente de rosa y plata, como heraldo del advento del sol. A la derecha se alzaban los montes de El Pardo, a la izquierda el boscaje de la Casa de Campo;[52] cerca del camino, el campo de vegetación rala, de pinos anémicos y achaparrados, de malezas clareonas, entre las que se veían cruzar los conejos con su gracia saltarina, avispados, altas las orejas, como dos zapatillas, y enhiesto el rabillo blanco. De vez en cuando se mezclaba a ellos una bandada de perdices, que en vez de volar saltaban y corrían pizpiretas. Cruzaban sin miedo, familiarizadas ya con las gentes, como si supiesen su condición de caza de coto real,[53] para creerse inviolables.

Don Marcelo dijo al fin:

—Blanca me había pedido que guardase silencio acerca de lo que de ella supiera, y aunque yo no le había prometido nada, había formado el propósito de callar. ¿No parecerá ahora mi revelación una venganza? A pesar de todo, esa mujer tan rica y tan admirada me causa una gran lástima.

—No comprendo.

—Es una mujer a quien le está vedado el amor. Nadie la ama más que mientras es una promesa.

Fernando no se atrevía a seguir preguntando.

Pasaban entre las ventas situadas a ambos lados de la carretera ofreciéndose a los viajeros. Tocó el anciano la goma destinada a llamar al cochero[54] y ordenó al lacayo, de cara inexpresiva y adormilada, que se acercó a la portezuela:

—Para en la venta de la izquierda.

—Aquí podemos tomar una tortilla al ron y un excelente chocolatito a la española —añadió, dirigiéndose a Fernando— en uno de los gabinetes reservados[55] que dan sobre el jardín. Se goza de una vista y un aire deliciosos y podemos hablar a nuestro sabor.

---

[52] A royal estate dating from the sixteenth century and containing botanical gardens and royal hunting grounds amongst other attractions.
[53] 'as if they knew their protected status as royal game'.
[54] 'He rang the bell to attract the driver's attention.' As the men are in a closed carriage, the driver is outside and cannot hear what they say.
[55] 'private booths'.

VII

—Yo conocí a Blanca en Viena —dijo don Marcelo, mientras movía con su cucharilla el incendio del alcohol, mirando los cambiantes de esencia de llama, sutilizada como el espíritu del fuego, que se encendía en lucecillas azules, verdes, moradas y naranja que parecían arrancarse de la raíz para subir y perderse en el aire—. No sé si comenzar por las impresiones de esta época, o por lo que después he sabido, ordenando los hechos para la mayor comprensión.

—Como usted quiera.

—Bien, entonces comenzaremos por la niñez de Blanca. Su madre y su padre murieron al año de estar casados, a causa de un misterioso mal. Una enfermedad desconocida, que las buenas gentes del Norte creían producida por hechos sobrenaturales, demoníacos o brujos. El caso es que la madre murió al dar a luz una niña, que más que niña era un pedazo de carámbano. Se veía que estaba viva porque abría los ojitos y se movía, pero estaba fría, helada, y por más que la quisieron hacer entrar en calor abrigándola bien, todo fue inútil, jamás dejó de estar fría, con esa frialdad extraña. Ella me contó en su confesión la sorpresa que causó a los médicos la primera vez que le pusieron un termómetro y no le pudieron hacer subir de treinta y cinco grados.

—¿Pero cómo se explican esa cosa tan rara?

—No se la explican. Muchos hubieran querido hacer estudios respecto a ella, que no les han dejado realizar. Lo raro es que ese frío que comunica no lo siente ella. Se encuentra bien, a gusto; se puede decir que siendo un glaciar, ella no lo sabe, ignora la sensación del frío. Hombre de ciencia ha habido que ha pensado en un extraño organismo de reptil, de sangre fría, en el que ha encarnado una mujer. Otros lo atribuyen a una funesta herencia de la enfermedad misteriosa de sus padres; algunos creen que algún abuelo padeció en la Edad Media un mal extraño que se reprodujo, por el salto atrás, en el padre y que le ha alcanzado a ella. Sea lo que quiera, el fenómeno existe, no se puede negar, lo vemos y lo palpamos. Excusado es decir que[56] para su abuela y las parientas que la criaron todo eran hechizos y obra de encantamiento. Han hecho exorcizar a la pobre criatura cientos de veces; pero la religión ha tenido tan poco éxito como la ciencia.

Mientras hablaba había acabado de comer su tortilla y se fijó en la de su amigo.

---

[56] 'Needless to say'.

—Vamos, Fernando. Nada de niñerías.[57] Coma usted eso o no le digo nada más. No espero que usted acabe para tomar mi chocolate. Se me enfriaría y ahora está en su punto.[58] Es el más suculento desayuno del mundo, injustamente en desuso. Como obra de frailes, que ya sabían lo que se hacían.

Mientras mojaba los bizcochos en la nata humeante de su taza,[59] siguió:

—Blanca pasó su infancia en un pueblecito vasco, en la frontera de España, perdido en las estribaciones de los Pirineos. No me acuerdo cómo se llama. La pobre criatura se consumía de hastío en su vieja heredad. Se pasaba el día cuidando sus animalitos predilectos, pollos, conejos, borreguitos. Ella misma corría la montaña para cogerles la hierba y los tallos tiernos, y se daba el caso raro de que los animales la rechazaban de su mano. Le huían los gatos y le aullaban los perros. Claro que no había que pensar en que las madres dejasen a ninguna niña jugar con ella. No le quedaba el recurso de la agricultura. Hubiera querido cuidar y cultivar plantas, pero todas las que tocaba se secaban, y las semillas no nacían. Esto no es tan extraño como parece. Son muchas las mujeres que ejercen esa mala influencia sobre las plantas. En mi país[60] no se las deja entrar en los bancales y en los sementeros, sobre todo en ciertas épocas.[61] En lo de los animales creo que habrá exageración. La pobre Blanca me ha contado las angustias que pasaba cuando iba de paseo por las gargantas y los valles que forman las cordilleras en su país y veía un monte sucederse a otro monte. Se encontraba como perdida y aprisionada en la cadena de los cerros. Por suerte, un noble francés que fue por allí en una cacería se enamoró de ella y se casó. Era viejo, debía ser un tanto degenerado y sádico. Con él, esta mujer de hielo, cuyas funciones vitales no tienen nada de anormal, excepto su falta de temperatura, tuvo dos hijos: uno idiota, que vivió poco tiempo, y otro que a los dos años falleció también de un tumor en el oído. Su marido murió de otro tumor. Ella estaba sana, pero daba el efecto de esas manzanas podridas que pudren a las que están en contacto con su mal.[62]

—Pero eso es terrible.

[57] 'Don't be finicky.'
[58] 'It's just right.'
[59] 'Dunking his sponge cakes in the steaming cream topping of the hot chocolate'.
[60] *País* means Don Marcelo's home region, rather than the whole country.
[61] 'especially at certain times', referring to superstitions about women's menstrual cycle.
[62] Note how Don Marcelo contradicts himself: having said there is nothing really wrong with Blanca despite her low temperature, he compares her with a rotten apple. This suggests that his pity for her and his rational comments are undercut by more primitive feelings of which he may be unaware.

—Sí. Viuda y sin dinero, aceptó la mano del conde Hozenchis, un millonario austriaco, ya viudo con un hijo, por eso no tiene ella el título. Le dejó una gran fortuna. Ella no volvió a tener más hijos. Cuando la conocí en Viena era la mujer de moda, deslumbrante con su hermosura y su lujo. Siempre la habían llamado «La mujer fría» pero después de su viudez cambió su nombre, la llamaban por el nombre fatídico que le hizo huir de los lugares donde la conocían, y que me ha rogado, implícitamente, que no lo dijera.

—¿Pero qué nombre es ése?

—«La muerta viva».

—¡Ah!...

—Veo que no te sorprendes.

—Es mejor que calle usted.

—No, ya es mejor decirlo todo. No se puede condenar a una mujer hermosa y joven, que no tiene hijos, que no ha amado a los maridos que la tomaron como una curiosidad capaz de excitar sus temperamentos gastados, cuya juventud ha transcurrido en el tedio y la soledad, que sienta con vehemencia el deseo de amar. Ella tenía muchos pretendientes. Escogió, romantizó, fue difícil y los empeñó en la lucha... pero no «cayó» con ninguno.[63] Todos la «respetaron», es decir, huyeron cuando se les reveló el frío y el olor a cadáver que había en ese hermoso cuerpo.

—¿No llegó a amarla nadie lo bastante para hacerse superior a esa fatalidad?

—La muerte rechaza a la vida, es una repugnancia física invencible la que crea. Blanca se hace un imposible para todos los que ella podía amar. Es decir, los sanos de cuerpo y de alma.

—Es terrible eso en una mujer tan hermosa, tan noble, tan espiritual...

—En Viena se habló mucho de este caso. Lo atribuían a la encarnación de un espíritu en el cuerpecito que la madre dio a luz muerto. Según los espiritistas, es un cuerpo de muerta donde vive un espíritu.

—¿Pero y todas las funciones vitales de ese cuerpo, su crecimiento?

—Se las presta el cuerpo astral.[64]

—Yo no creo esas patrañas de los espíritus, y me parece que este es un caso único en el mundo.

—No, querido Fernando. Eso de que "no hay nada nuevo bajo el sol" es una verdad innegable. Todo existe, todo se repite, por poco común que

[63] 'but it didn't work out with any of them'.

[64] The astral body is a term used in occult parasciences, such as the spiritism mentioned. It denotes the part of the self, similar to the soul, which can separate from the body.

sea. Evidentemente hay muchos casos de estos que no se conocen; pero existe en la historia un precedente conocidísimo, por tratarse nada menos que de una reina.

—¿Cómo?

—Sí. Catalina de Médicis era también una muerta viva. Se quedó huérfana a causa de una extraña enfermedad de sus padres, y el Papa Clemente VII, que había concebido el proyecto de casarla con el rey de Francia, cuidó de ella, apartando de su lado todos los enamorados, aunque para ello tuviera que hacer a su sobrino Hipólito Cardenal a los diez y ocho años y enviarlo a España. Catalina se casó con Enrique II cuando éste no era más que duque de Orleans, y tuvo hijos, a pesar de la repugnancia que por ella sentía su esposo. Fue madre de tres reyes degenerados. Su marido no la repudió porque ella se dio maña a[65] ser la amiga de la favorita Diana de Poitiers; y él lo encontró eso muy cómodo. Pero Catalina de Médicis tenía siempre el cuerpo helado como un muerto, y cuando se quitaba los suntuosos vestidos olía a cadáver.[66]

—¿Y a qué se atribuyó entonces el fenómeno?

—La ciencia no dijo nada. El pueblo la creía poseída del diablo, que ha sido sustituido por nosotros por los avatares y las reencarnaciones. Es igual. Lo cierto es que si no fue el diablo fue un mal espíritu el de esa mujer disoluta, envenenadora, que se gozó en los asesinatos. Hasta sin querer causaba maleficio. Hay quien sostiene que la desgracia de María Stuardo tuvo origen en usar el magnífico collar de perlas de su suegra.

Pero Fernando no oía la digresión histórica, poseído del horror de aquella vida.

VIII

Blanca, envuelta en el amplio peinador de crespón amarillo, con la cabellera ceniza y rizosa cayendo sobre los hombros desnudos, parecía, puesta de pie cerca del balcón, una estatua de piedra cubierta con la

---

[65] 'she was clever enough to'.
[66] The bare historical facts are accurate. Mary Stuart (mentioned below) was Catherine's daughter-in-law, having been married to Catherine's son, Francis. For a brief biography, see for example <www.bbc.co.uk/history/historic_figures/de_medici_catherine.shtml>. For a more sensational account, including her reputation as a poisoner, see for example <www.atlasobscura.com/places/catherine-de-medicis-chamber-secrets>. For a scholarly study of the origins and dubious credentials of her image as evil and sinister, see Sutherland 1978. Don Marcelo's contentions concerning her coldness and her smell seem to have been created by de Burgos for the poetic logic of this story.

túnica de seda;[67] pero aquella estatua animada sufría un dolor vivísimo, que se reflejaba en la mirada ansiosa y en las pupilas verdes que empañaban las lágrimas como si fuesen cristalillos de escarcha sobre una hoja tierna de árbol.

Se había acostado inquieta y preocupada después de despedir a Fernando en la puerta de la verja. Le quedaba una duda, que más bien creaba ella misma para engañarse. Eran ya muchas las veces que los enamorados huían al robar el primer beso a sus labios fríos. Pero esta vez quería dudar, porque era la vez única que amaba. No había mentido al asegurarle a Fernando que había visto en él su destino el día que lo vio en el teatro en el palco de los señores de Meléndez. Fue por acercarse a él por lo que le había hablado al viejo senador de sus sobrinas[68] y por lo que quiso ir a tomar el té en su casa e invitarlas después a la suya.

El reto celoso de Edma había aumentado su pasión. La joven inexperta le decía así, con su actitud, que Fernando la amaba.[69] Tenía que haberlo notado su novia para estar celosa hasta aquel punto. Había ella buscado a Fernando, lo había atraído y estaba satisfecha de la pasión que había despertado en él. Blanca había hecho un alarde de aquella pasión,[70] sin compadecer a su rival, cuyo dolor era más fuerte que ese amor propio de mujer que hace a las desdeñadas aparentar indiferencia.[71] Edma se sentía morir sin el amor de Fernando, y no lo ocultaba. Pasaba los días llorando, sin querer comer ni ir a ninguna parte, sumida en un duelo que estropeaba su salud y su belleza.

Creyendo que eran celos de la joven, don Marcelo había ido a rogarle a Blanca que le devolviera la felicidad cesando de recibir a Fernando. Pero, lejos de lo que esperaba, se encontró frente a una mujer enamorada, decidida a disputar a todos su dicha, a hacer triunfar su pasión pasando por cima de todos los obstáculos, cayese quien cayese, y que hacía callar todas sus razones filosóficas con las frases soberbias de egoísmo que existían en su propio corazón.

—¿Acaso la felicidad ajena es más respetable que la nuestra propia?

Pero por lo mismo que amaba como jamás había amado, su lucha era

---

[67] This is a key turning-point: we are now given psychological and emotional insight into Blanca as the narrative adopts her point of view.

[68] 'It was to get close to him that she had spoken to the old senator about his nieces'.

[69] The *la* refers to Blanca.

[70] 'Blanca had been proud of herself for that passion' [which she had stirred in Fernando].

[71] 'whose great suffering overcame the vanity that makes women who are passed over pretend indifference.'

más empeñada que había sido jamás. No quería entregarse al amor de Fernando, por el miedo de verlo alejarse cuando sus sentidos, su tacto y su olfato sintiesen aquella extraña frialdad de su cuerpo y aquel incomprensible olor. Pensaba que lo mejor era huir, llevarse el recuerdo de su amor, dejarle una imagen de felicidad soñada para mantener siempre la ilusión con la fiebre del amor no satisfecho.

Pero no había sabido resistirse a la influencia de aquella pasión poderosa, incitada por el ambiente de la noche. El perfume de la madreselva y de las magnolias del jardín eran acicate para sus nervios. La magnolia es flor traicionera para el amor, flor sensual, carnosa, incitante... como aquellas estrellas, magnolias de luz, abiertas en el gran magnolio del cielo.[72]

Había dejado que la boca de él se uniese a su boca gimiendo de pasión. Quería engañarse y aceptar la versión de que aquella reacción brusca, súbita, incomprensible en un enamorado, era el triunfo del espíritu caballeresco de Fernando. Se aferraba a la esperanza de que el joven la amaba lo bastante para sobreponerse a toda mala impresión. Si él la amaba con un amor intenso como el que ella sentía, sería superior a todas las cosas. Los otros, los que se habían ido, fueron a su lado guiados por el orgullo que atrae en la mujer a la moda. Fueron los conquistadores de ocasión,[73] los amantes frívolos, superficiales, los aspirantes a maridos por su dote o su belleza... Fernando era distinto, era el amor. Tenía la seguridad de que había de volver.

Se engalanó para esperarlo aquella noche siguiente. Su belleza alabastrina, adornada con perlas, estaba soberbiamente realzada. Un frasco entero de perfume de angélica la rodeaba de un aroma intenso, violento que podía apagar todos los otros olores. Fernando era siempre puntual. En el tiempo que se trataban lo había visto ir a su lado siempre bueno y dulce, sin hacerle esperar nunca. Ella conocía su manera de llamar al timbre. Cuando él tocaba había una vibración extraña que la conmovía toda, y así lo veía llegar con su sonrisa abierta, franca, sonrisa con olor a romero y madreselva, que lo mismo que el aire de la montaña levantaba el corazón. Era sano de alma de tal manera, que esparcía en torno las sanidades y la alegría. Jamás su cuerpo, insensible a la temperatura, se había estremecido como la noche anterior, cuando pasaron sus manos carnosas y fuertes sobre el bruñido de su piel.

---

[72] Notice how the link between smell and sexual desire occurs in positive form as well as in the negative one that predominates in this story; erotic intoxication from the smell of flowers moves to centre stage in *Puñal de claveles*.

[73] 'opportunistic Don Juans'.

Él tardaba. Blanca sentía la angustia, la zozobra de la espera, mirando impaciente el reloj, pensando cosas descabelladas que podían haberle sucedido, y haciendo proyectos locos para buscarlo.[74]

Al fin, al cabo de media hora de angustia, lo vio detenerse ante la verja. Venía andando despacio, como si lo llevase hacia allí una fuerza superior a su voluntad.[75]

Después de la conversación con don Marcelo, él habría querido alejarse, romper con Blanca de un modo cortés, no volver a exponerse a aquella impresión de muerte cuyo horror no podría vencer. Sin embargo, cada hora que pasaba parecía aumentar su cariño. Ella no tenía culpa de aquellas anomalías de su organismo, de las que quizás no se daba cuenta en toda su gravedad, pues era piadoso ocultárselas, como se oculta su enfermedad a los tísicos y a los cancerosos. Se le aparecía Blanca como una princesa encantada de cuento de hadas, que sólo amaría a quien resistiese la prueba para hacer cesar el hechizo. Sin duda los hombres que se habían acercado a ella no la amaron como él, que no vacilaría en darse por entero a su adoración, aunque adquiriera la certeza de que su sangre estaba contaminada de una dolencia terrible y contagiosa, aunque su organismo anormal no fuese humano, aunque el espíritu amado viviese en una muerta desenterrada, aunque fuese un demonio encarnado...[76] todo le daba igual. Era «ella», a fuerza de ser «ella», se desmaterializaba, se tornaba algo incorpóreo, sueño, idea.[77] «Ella», el amor.

Al verla tan bella acabó de olvidarlo todo. Casi se reía de su impresión y de las historias de don Marcelo. Con aquellas supersticiones se influía en el ánimo de las gentes y miraban a Blanca como un ser sobrenatural. Era una anomalía la baja temperatura de su cuerpo, pero no lo bastante para llegar a esas exageraciones, que indudablemente propalaban los despechados y las envidiosas de su belleza. Acaso en Catalina de Médicis ocurría el mismo fenómeno y se tejían las leyendas de brujerías, demonios y hechiceras en torno de ella, propaladas por sus enemigos.

---

74 This insight into Blanca's thoughts and feelings humanises her as we recognise and identify with her anxieties in a familiar situation. The woman or girl waiting for the man she loves to arrive is a long-standing and recurrent motif bound up with ideals of femininity, still relevant in the post-war period (Martín Gaite 1994: 72).

75 The point of view now shifts from Blanca's perspective to Fernando's.

76 The subjunctives in this sequence of verbs following *aunque* leave all of these propositions open as possibilities but not certainties, maintaining the undecidability of a supernatural reading.

77 'This was "her" and it was that which turned her into something ethereal, incorporeal, a dream, an idea.'

Aquella blancura, aquel color admirable, aquella carne apretada cubierta de la piel sedosa, tan tersa, tan satinada, avaloraban la belleza de Blanca. Su rubio opaco, limpio, purísimo, daba esa sensación de reposo, de frialdad, que contribuía a la leyenda.

Pero a pesar de todo su amor, de todo su entusiasmo, de todos sus propósitos, no pudo disimular el rehilo que agitó su cuerpo cuando ella se apoderó con sus manos heladas de su mano febril para hacerle sentarse a su lado en el diván.

Los envolvía un ambiente de perfumes.

—Has tardado más que de costumbre —le dijo ella cariñosamente— ¡Hoy que te esperaba más temprano!

En aquellas palabras adivinó él lo que no le decían, la inquietud de toda mujer que ha concedido sus favores y teme haber producido una desilusión. Era una queja a la ingratitud de no haber venido antes a tranquilizarla.

Se apresuró a disculparse con asuntos, ocupaciones, enredos de familia que lo retuvieron hasta última hora.

—Además, quizá no soy culpable de haber tenido menos prisa en venir —añadió—, estabas tan en mi corazón, te tenía tan dentro de mi alma, que en algunos momentos no me daba cuenta de que estabas ausente.

—¡Zalamero!

Se sentía feliz, tranquilizada súbitamente.

—¿Quieres tomar un refresco? —le propuso. Él sentía sed, esa sed que precede a los estados angustiosos, pero tenía miedo de tomar nada frío, de aumentar la sensación de frío que lo abrumaba.

—No... yo creo que sólo las bebidas calientes quitan el calor.

—Sí, es la última teoría, y la de ir vestido de lana en el verano. Yo tengo la suerte de no ser sensible a los cambios de frío ni de calor... y me siento siempre bien.

Él la oía afanoso de ver si entreveía en sus palabras una explicación del misterio.

—¿No sudas?

—Jamás... pero tampoco siento el frío... Mira, sé hacer un cocktail especial que ha de gustarte. Lo prepararé yo misma.

Tocó el timbre y dio a las doncellas algunas breves órdenes.

Él la miraba complacido. Le gustaba aquella familiaridad que hacía a la mujer bella y admirada como una diosa, algo de mujercita casera.

—Te voy a hacer un ponche ruso —le decía ella, mientras ponía en la cocktelera un vaso de coñac, otro de ron, una copita de curaçao, mezclado con unas gotas de amargo Peychaud,[78] jugo de limón y azúcar.

—¡Pero cuánto ingrediente necesitas! —dijo él, mirando complacido la operación.

—Ahora té bien caliente. Con estas rodajitas de limón, que lo perfuman todo. Ya está. Verás cómo te gusta.

—Y tú.

—Yo me voy a preparar otro más simple. Sólo zumo de naranja con azúcar y unas gotas de Ginebra para aromatizar. No me gusta el alcohol.

—No. Bebe de éste.

Quería que bebiera de aquella mezcla de diferentes licores, con la creencia vulgar de que el alcohol, en las diferentes mezclas, marea más.[79] Le gustaría verla beber, tomar aquellos licores que la embriagaran, que le añadiesen con su ardor una nueva gracia, que le incendiasen las venas de un fuego desconocido. ¡Cómo le gustaría ver encenderse sus mejillas y brillar sus ojos, aunque fuese con la lumbre del alcohol!

Ella cedía a probar las copas que él llenaba con demasiada frecuencia, vaciando rápidamente la cocktelera. Era él quien sentía vaguedad en la cabeza, y un nuevo fuego que hacía circular apresuradamente su sangre y latirle las sienes y el corazón apresuradamente.

La veía cada momento más bella, con su deshabillé elegante que tenía algo de traje de baile, y dejaba adivinar todos los contornos de su cuerpo de estatua. La hermosa cabeza, de líneas perfectas, sin más color que las esmeraldas de los ojos, se hacía obsesionante con su blancura.

Las ideas se iban borrando de su imaginación, olvidaba el relato de don Marcelo, la leyenda hecha en torno de ella, todo, para no ver más que su belleza y el encanto que lo envolvía.

Recostada en el diván Blanca, parecía ofrecérsele en un dulce abandono. Él sentía cierto miedo en acercarse, un miedo instintivo del que no se daba cuenta.

—¿Qué piensas? —le preguntó ella.

—No sé si debiera decírtelo.

—Dos que se aman no deben ocultarse nada.

—Pienso en que quizás tú has amado a otros hombres.

—No. Te he sido sincera al decirte que he ido al matrimonio impul-

---

[78] Known as 'bitters' in English, an ingredient in traditional cocktails, first made in nineteenth-century Louisiana by the Peychaud company. It is misspelt in the original publication and later editions as Reychaud.

[79] 'based on the common belief that mixing different types of alcohol makes it go to one's head more.'

sada por las circunstancias, por abulia, por falta de un amor, que me hacía aceptar como buenos los enlaces que me ofrecieron.

—Es que yo no tengo celos de tus esposos... otros hombres.

—Nadie había reparado en mí antes del que fue mi marido.

—¿Pero después?

—Tuve pretendientes, flirteos sin importancia... Nunca se formalizó nada... No tienes razón de ser celoso.

Él vaciló un momento, y al fin hizo la pregunta brutal.

—¿Y por qué causa no se formalizaron?

La vio estremecerse y guardar silencio como buscando una respuesta, que no hallaba, desconcertada por su audacia. Al fin repuso:

—Cuando se habla con una señora, se supone siempre que el no realizarse algún amor ha sido porque ella no ha querido.

Se había alzado y le lanzaba una mirada altiva, fría.

Fernando se estremeció. Había ido muy lejos y temía haber ofendido a Blanca, haber causado en su amor propio, por su imprudencia, una de esas heridas por las que se desangra el amor.[80]

Se acercó a ella y le cogió la mano. A pesar de su entusiasmo y de su amor, volvió a sentir aquel rehilo de su médula. Lo enervaba aquel frío de la carne, que, sin duda por efecto de los relatos, le hacía recordar al cadáver.

Ella tenía los nervios en tensión. Notaba una dureza en sus articulaciones, que no le abandonaba la mano, que hacía una fuerza para no entregársele. Era su espíritu el que estaba apartado de él. Ansioso por conquistar aquel amor que parecía escapársele, hizo un esfuerzo para disimular la mala impresión y depositó un beso en su mano.[81]

—Perdóname, Blanca de mi vida, los celos me vuelven loco. ¡Te quiero tanto!

Pareció conmoverse por la súplica y su cuerpo dejó la actitud de rigidez forzada.

—Blanca mía.

---

[80] The image is arresting in a vampiric context and its logic contributes to the pathos that de Burgos bestows upon Blanca, for far from being the pitiless, invulnerable vampiress who will suck her victims dry, this places her just as much as Fernando at risk of suffering as their love bleeds to death.

[81] The last three sentences may be confusing to Anglophone readers trying to decide when the subject of the verb is Blanca and when Fernando. Here is some clarification: it is Fernando who notes hardness in the joints of Blanca's hand, which he has taken and is holding; it is Blanca who is resisting and holding back, feeling a distance has opened up between them because of the question Fernando has just asked her. Fernando, noticing this, kisses her hand to try to camouflage his nerves and win her over before her love slips away from him.

La estrechó contra su pecho, y en vez de buscar sus labios, la besó en la frente. Aquel beso le hizo bien. Era como el que tiene fiebre y pone los labios en un mármol, que apaga su ardor y lo alivia.

Blanca callaba, con los ojos entornados, abandonándose en sus brazos. Él, a pesar de su amor, se sentía cohibido. Indudablemente el tacto es uno de los mayores acicates del amor. Tal vez se ama tanto a los niños por ese tacto amoroso de la carne tibia, rosa y blanda, tan suave al tacto. En realidad, no se puede prescindir del tacto para el amor, como no se puede prescindir del timbre de la voz para la simpatía.

La besaba locamente, como si quisiera comunicarle calor con sus besos. Pensó que era preciso acabar con aquellas impresiones, quizás hijas de su estado nervioso, de su preocupación. Era preciso consumarse en la pasión para llegar a una normalidad.

Le cerró los párpados con besos, sintiendo cómo los ojos palpitaban como palomas bajo sus labios, y llegó ansioso a la boca... ¡El fato a descomposición! ¡Aquello era más fuerte que él, que su pasión, que su voluntad!

Sus brazos se abrieron y se apartó de ella con un gesto involuntario de repulsión.

Reinó un momento de silencio, que rompió un sollozo de Blanca.

Fernando se indignaba consigo mismo. No concebía lo que pasaba en su alma. La seguía amando y deseando locamente, y no podía superar aquella repulsión del tacto y del olfato.

—¿Qué tienes, Blanca?

Lo miró con sus hermosos ojos esmeraldinos, empañados de rocío helado. Había en ellos una expresión de desconsuelo inmenso. Fernando dudaba. ¿Acaso aquella mujer sabía la impresión que le causaba? ¿Era inocente? De un modo o de otro había una crueldad en dejarle conocer sus sentimientos. Los ojos verdes parecían suplicarle que no defraudase su pasión, que la tomara...

—Eres para mí algo tan grande y tan sagrado, que llego a ti temblando de pasión y no puedo vencer el respeto que me inspiras —le dijo, como disculpándose.

Ella no aceptó aquella galantería y le repuso con tristeza:

—No, Fernando, tú me quieres muy poco.

—¿Cómo puedes pensar eso?

—Lo veo.

—Te equivocas.

—No.

—¿Quieres que te jure?

—Es inútil... Te lo he dicho muchas veces... Yo debo irme...
—No digas eso.
—Es preciso.
—Yo te seguiría.
—¿Para qué?
—Te he rogado que seas mi esposa.
—Pero yo no he aceptado.
—Sí, tú me has dado tu consentimiento tácitamente, no esquivando mis caricias.
—Es cierto.
—¿Entonces?
—No sé... no sé... Pero hay algo que nos separa. Te veo llegar a mí lleno de amor y retroceder como si estuviese guardada por un espíritu que me defiende.
—Es sólo mi respeto, el verte tan superior... El sentirme indigno de ti.

Se había vuelto a acercar y estrechaba de nuevo su mano, decidido a ser superior a todas aquellas sensaciones de neurótico que estaba padeciendo.

Acaso aquel olor que percibía no era más que el olor de su carne de mujer transcendiendo de los perfumes, en contraste con ellos. Tal vez un olor de raza.

Recordaba vagamente en aquel momento que los individuos de ciertos pueblos tienen un olor especial en su carne, en su piel, que los diferencia de los demás. Así los negros de las diferentes tribus se distinguían por el olor de sus cuerpos. Los gitanos tenían un fato especial; diferente de los indios, sus antecesores. Ese olor a carne humana, que se hace insoportable en un local cerrado, que tiene algo del olor caliente de un gallinero, era común a todos. Se podían distinguir las personas, como las flores, por el olor especial a cada una—El olor de Blanca no era fetidez de aliento, era un olor a descomposición, extraño, que lo mismo que su frialdad, recordaba al cadáver, pero en el fondo, tal vez no era más que un olor «de raza», acentuado, extraño, que se exageraba entre las esencias. Había que vencer esa fatalidad.

De nuevo unió los labios a sus labios cerrados, profundizó en ellos para besar los dientecillos blancos.

No sabía si es que ella no respiraba o si él contenía el aliento, pero dominaba la sensación, no notaba aquel olor.

Los brazos blancos se habían ceñido en torno de su cuello como un círculo de hielo, al que ya estaba acostumbrado y no le producía la sensación penosa de otras veces. Lo deslumbraban los ojos abiertos cerca de sus ojos, y se estremecía bajo los besos que los labios frescos y sin color le devolvían...

Quiso beber todo aquel amor, respirarlo, guardarlo dentro de su pecho... y aquel vaho contenido se escapó de nuevo, envolviéndolo, ahogándole, produciéndole una angustia, un mareo insoportables. Quiso vencer la sensación y no pudo. Hizo un esfuerzo para desasirse de Blanca, que lo sujetaba enlazado contra su corazón,[82] y, hallando una resistencia inconsciente, obedeció al instinto, más fuerte que toda reflexión, y la empujó, rechazándola brutalmente, para verse libre de ella.

La contempló un instante ovillada sobre el diván, gimiendo. No le dijo nada. ¿Para qué? Parecía que su amor se disipaba con aquel olor como con el amoníaco se disipa la embriaguez. Era imposible tratar de vencer aquella repugnancia física. En el amor era necesario el halago del olfato y del tacto, quizás como los auxiliares más poderosos.[83]

Se marchó sin decir nada, sin volver la cabeza y sin que ella pronunciase una sola palabra.

---

[82] 'who held him fast, pressed against her breast'.
[83] 'Love needed smell and touch to be appealing; maybe they were its most powerful helpers.'

Puñal de claveles

I
La primera amonestación[1]

La tarde, de primavera, estaba llena de promesas de fecundidad. El campo ofrecía ya la plenitud de la cosecha con las mieses que comenzaban a enrubiar y mecían las espigas de granos hinchados y lucientes.

Un intenso olor a día de primavera lo envolvía todo de un modo penetrante.

Después de los días grises del invierno reseco, árido y triste, se dejaba sentir con más fuerza el despertar de la Naturaleza en pleno campo, como si se escuchasen las pulsaciones de un corazón que cobraba nueva vida[2] con la circulación de la savia que lo reanimaba todo.

Pura apareció en la puerta del solitario cortijo, puso la mano derecha como toldo a los ojos y tendió la vista a lo largo del camino, que se extendía zigzagueando entre los declives de las montañas.

Se veía avanzar por él una burra cargada con capachos, sobre los que iba colocada una arqueta de madera. A su lado, un hombre, varilla en mano, parecía ayudarle a andar, más que arrearla, para que continuase su camino.

—No me había engañado —murmuró la joven.

Se volvió hacia el interior de la casa y llamó con voz alegre:

—¡Madre! ¡Cándida! ¡Isabel! Por ahí viene el tío Santiaguico.

Se oyó un rumor de crujientes faldas almidonadas, y otras dos jóvenes llegaron al lado de Pura, con expresión contenta y curiosa.

El buhonero que llegaba tenía fama de llevar de cortijo en cortijo las mercancías más bellas, que cambiaba por recova.[3]

La madre apareció detrás.

—Esto es una plaga. Estas gentes no nos dejan parar. Desde que se sabe que se casa Pura parece que se han dado cita aquí.

Los perros comenzaron a ladrar y fingir furiosos ataques en dirección del lugar por donde se aproximaban el hombre y la caballería.

La voz de Pura se elevó imponiéndoles silencio:

—«¡Zaida!» «¡Sola!» ¡Aquí!

Las dos perras se acercaron, mansas, a tiempo que llegaba el vendedor, al que su pequeña estatura valía la disminución de su nombre.[4]

---

[1] *Amonestaciones* are both warnings and the equivalent to 'calling the banns', which is to say giving public notice of a forthcoming marriage, so that anyone knowing a reason why it should not go ahead can speak out. The double meaning is being played on here.
[2] 'that gained new life'.
[3] 'which he bartered for eggs or poultry.'
[4] 'whose small stature justified the diminutive for his name.'

—¡A la paz de Dios! —dijo.
Y la madre respondió:
—¡Dios te guarde!
En seguida, Santiaguico se dirigió a la burra y comenzó a descargarla, no sólo de la arquilla, sino de los aparejos.

La hospitalidad del campo de Níjar exigía que el viajero se quedase a dormir en el lugar donde se le ponía el sol, ya que la distancia de cortijo a cortijo era siempre larga.

Se viajaba así sin pagar posada. Un pienso de paja para la bestia y la ración de comida para el hombre eran como una cosa obligatoria. Nunca faltaba un rincón para que durmieran los improvisados huéspedes; en el pajar, durante el invierno; o entre la mies de la era, en el verano.

Debía[5] estar acostumbrado Santiaguico a pernoctar en el cortijo del Monje, porque no vaciló en llevar la borrica a la cuadra y en colocar los aparejos sobre un poyo de piedra cercano a la puerta.

Una vez hecho esto penetró con la arquilla en la cocina de arco, que era la primera pieza de la casa.

—No te canses en enseñar nada —dijo la madre—. Ya te advertí el otro día no vinieras en mucho tiempo. Pura lo tiene todo comprado.

—A las mujeres les falta siempre algo. Traigo preciosidades. Usted no tiene más hija que esa, tía Antonia. No sea roñosa, que no se va a llevar el dinero al otro mundo.

Mientras hablaba había abierto la arqueta y aparecía ante las jóvenes toda la bisutería y las baratijas que la llenaban. Isabel llamó:

—Rosiya, Encarnación.

Acudieron otras dos muchachas, en refajo y con los pies descalzos, pero admirablemente peinadas y con ramos de alhelíes blancos en la cabeza.

Las cinco jóvenes aproximaban sus cabezas, morenas y graciosas, para contemplar el fondo de la arquilla.

Había allí botones de nácar y de metal brillantes; imperdibles y alfileres con piedras raras; aretes de pasta roja y de latón; anillos, collares de coral y de cuentas de vidrio; puntillas y listones de todos colores. Una porción de nonadas que miraban con embeleso y que atraían también la atención de la tía Antonia, aunque ella no quisiera dejar ver su impresión, pues pocas personas tenían tanta noción de su importancia de labradora rica.

Estaba satisfecha de su gordura, que le impedía casi moverse, y le hacía

---

[5] This use of supposition shows that the narrator is denying omniscience, creating the illusion of being a mere bystander describing the scene.

andar naneando como un pato, porque le parecía una cosa señoril. Desde que engordó, su carne parecía haberse rejuvenecido, y su piel, estirada y brillante, causaba la envidia de las mujeres de la comarca, la mayoría de ellas cetrinas y acartonadas, como si estuviesen curtidas,[6] y sus carnes formasen al esqueleto una corteza de piel dura, en la que se veía tallada la red de los nervios.

Desde que llegó a las diez arrobas[7] tenía fama de belleza. El instinto moruno de los campesinos andaluces hacía residir la hermosura en la frescura de la carne. Jamás se decía que era guapa una mujer extremadamente delgada y, en cambio, ante la obesidad, solía exclamarse un admirativo: ¡Dios la bendiga![8]

Pura tenía fama de guapa, y, al decir de las gentes, prometía parecerse a su madre. Pero por el momento no se le asemejaba en nada: Tenía una belleza carnosa, escultural, con la tez muy blanca y los ojos tan azules que parecían teñidos de añil, en contraste con la negrura de cejas, pestañas y cabellos.

La conciencia de su hermosura y de la riqueza de su padre, uno de los labradores más acaudalados del contorno, la habían hecho coqueta y caprichosa; pero había acabado por acarrearle un sentimiento de tristeza.

Estaba satisfecha su vanidad; triunfaba en los bailes sobre todas las otras y se sentía envidiada de las mozas y deseada de los mozos. Veía llegar a su cortijo, montados en soberbios caballos o magníficas mulas, a todos los jóvenes casaderos para solicitar su amor. ¿Pero qué valía todo eso en su vida cansada y monótona? ¿De qué servía ni siquiera ser hermosa en aquel desierto?

Por instinto, comprendía que la belleza necesitaba otro marco, y que ella era superior a los hombres que la solicitaban.

Así, amándose demasiado a sí misma, y soñando con una vida distinta en otros horizontes lejanos, no se había decidido por ninguno de sus pretendientes y había rechazado los partidos más ventajosos, con gran desesperación y disgusto de su madre, que deseaba consolidar su posición de labradores ricos con un enlace brillante para la hija.

Allí había también sus jerarquías sociales. Los jornaleros no tenían la consideración, un poco de magnates, de los dueños de las grandes haciendas.

---

[6] *curtir* means 'to tan' for leather, so human skin that is *curtido* is 'weatherbeaten'.

[7] An old measure of weight. The equivalence varied from one area to another, but it was approximately 12 kg.

[8] Notice how far removed these ideals of feminine beauty are from the remarks about being fashionably slim in the 1920s Madrid of *Confidencias*.

Frasco Cruz, su marido, y ella venían de la clase humilde de los jornaleros. Era un verdadero milagro su fortuna.

Aquel cortijo del Monje pertenecía a un viejo carlista[9] que al ver perdidos sus ideales había ido a enterrarse en la soledad, y con los últimos restos de su patrimonio había construido allí su panteón de familia, declarando que deseaba vivir y morir siempre en sus dominios.

Don José tenía un carácter tan irritable y violento que todos los de la casa le temblaban. Había convertido el cortijo en una especie de monasterio, aislado de todo, pues sólo salía de él cuando era preciso hacer alguna compra un criado viejo, que lo acompañaba siempre; y no recibía visitas ni dejaba que se acercara nadie a la puerta. Los caminos, a fuerza de no ser pisados, se iban convirtiendo en veredas y borrándose bajo la hierba.

Los primeros en ocupar nicho en el cementerio, unido al cortijo como un corralón, lleno de cipreses y con una gran cruz sobre la puerta, fue la pobre esposa de don José, a la que no tardó en seguir su hija. Se murieron como flores marchitas, faltas de ambiente, en aquel encierro a que don José las había condenado.

Se decía que el viejo no las sintió mucho, y que más bien les agradeció el placer de ir a esperarlo en aquella morada.

Le entró un deseo de coleccionador de muertos. No se ocupaba más que de buscar los cadáveres de todos sus antepasados y hacerlos llevar a su panteón de familia.

Cada uno de aquellos sombríos entierros era una fiesta para él y un motivo más para alejar la gente del contorno por el miedo supersticioso que todos tenían a los muertos.

Así era que no le paraban los criados y solo Frasco Cruz y su mujer tuvieron la paciencia suficiente para aguantar los malos humores y las rarezas de su amo; pero su sufrimiento tuvo, al fin, recompensa.

Cuando menos lo esperaban, don José decidió marcharse a la ciudad, y dejó la finca a Frasco Cruz, para que se la fuese pagando a plazos, sin más condición que la de respetar y cuidar a toda la familia que dejaba sepultada en el cementerio, como si la hubiese llevado allí para verse más libre de ella.

La envidia que provocaba la fortuna de Frasco Cruz hacía que las gentes

---

[9] A Carlist is someone who supported the claim to the throne of Carlos rather than Isabel, following the death of King Ferdinand VII in 1833. There were three Carlist wars, supporting three generations of pretenders to the throne all named Carlos. The last one ended in 1876, which is in living memory in the first decades of the twentieth century. Carlists were viewed as traditionalists.

criticaran más despiadadamente a don José, por haber vendido los huesos de sus antepasados.

Unos hablaban de apariciones que lo tenían asustado, con el temor de que sus muertos tomasen venganza de sus crueldades. Otros sostenían que se había marchado de miedo a la vista de aquel único nicho vacío que le estaba destinado y que parecía dispuesto a tragárselo.

Pero el caso fue que Frasco Cruz y su mujer se vieron, cuando ni siquiera se hubieran atrevido a pensarlo, dueños del cortijo del Monje.

Frasco continuó su vida sencilla y de trabajo, pero Antonia comenzó a engordar, a tomar importancia y a hacerse dar el tratamiento de *tía Antonia*, que equivale allí al de *doña Antonia* en la ciudad. Se diría que había heredado el orgullo y dignidad de los antiguos dueños, y hasta el mal genio, autoritario, de don José.

Como el protocolo de la alta sociedad campesina, que se observa tan severamente allí como se guardaba en las antiguas cortes, no permitía a las mujeres casadas componerse, ni siquiera llevar la cabeza descubierta, ni asistir a fiestas, sino con las hijas, los deseos irrealizados de la juventud de la tía Antonia venían a encarnar en Pura.

Se divertía en vestir y adornar a la hija para que llamase la atención entre todas las mozas, porque a ella le alcanzaba también el triunfo. Pura llevaba las modas más audaces con una tendencia señoril que escandalizaba a las gentes conservadoras de sus tradiciones. Había llegado a peinarse sin moño y a presentarse en el baile sin pañuelo al talle, cosa que no se permitían las aldeanas.

Pero, pese a las críticas de los envidiosos, todos los mozos se juntaban en torno a Pura. Cada vez que salía a bailar se le cantaban coplas[10] y coplas que le impedían dejar el baile. Hubo veces de bailar quince coplas seguidas. Cantaban los mozos a pares, los bailadores se pedían la vez para acompañarla[11] con ese: —¿Hace usted el favor, amigo?, que obliga a retirarse al que actúa y dejar el puesto al otro.

Se componían coplas para ella y surgían los piropos más poéticos cuando se le pedía a su pareja: «¡Dígale algo a esa niña!»

La madre gozaba en eso seguramente más que Pura, la cual, siempre seria y contemplativa, parecía no interesarse por nada.

Tenía deseo la madre de vivir la novela de amor de la hija y la desesperaba su indiferencia por los hombres.

---

[10] A traditional verse form, which can be sung or spoken and, if sung, danced to. It often has amorous content and can be improvised, as we see here.
[11] 'asked for their turn to dance with her'.

—Parece que esperas algún príncipe —solía decirle—. Mira que los años pasan y te vas a quedar para vestir imágenes.[12]

Aquel último razonamiento hacía impresión en la muchacha. Había ya cumplido los veinte años y veinte años eran muchos años allí, donde las mujeres, prematuramente maduras, se casan a los quince o dieciséis,[13] lo más tarde. No estaba ya en edad de descuidarse.

Así es que cuando su padre le habló de que la había pedido en matrimonio Antonio el Peneque, que gracias a su suerte en el contrabando había llegado a ser dueño del cortijo de los Tollos, ella lo aceptó sin alegría y sin repugnancia.

Antonio tenía un tipo moreno, moruno; se recordaba al verlo que la tierra fronteriza africana se divisaba desde lo alto de las montañas de la costa, cuando al salir el sol reflejaba sobre ellas. Era fuerte, sanguíneo, con una rojez que recordaba la sangre de toro. Eso hacía murmurar que le gustaba tomar un vaso de vino algo más de lo corriente; pero nadie podía decir que lo había visto embriagado. Si tomaba alguna pítima[14] era a sus solas, cuando la podía dormir sin que lo vieran.

No era ya muy joven; andaba cerca de doblarle la edad a Pura; y a pesar del asedio que le habían puesto todas las muchachas del contorno, no se le había conocido ninguna novia.

Ya se iban reconciliando con él las que lo odiaban, creyéndolo incasable, cuando vino a sorprenderlas la noticia de la boda con Pura.

El noviazgo tenía que ser corto, dada la edad y posición del novio, que no era de pasatiempos.

La boda prometía ser un acontecimiento, un alarde de ostentación, con la que los nuevos ricos querían afianzar su prestigio de labradores acaudalados. Había allí también sus prejuicios de aristocracia, y se echaba en cara a la familia de Frasco Cruz haber sido *sirvientes*, que era todavía un estado inferior al de *jornaleros*. En cuanto a Antonio, no era más que un contrabandista enriquecido sabe Dios cómo.

Se le conocía sólo por Antonio el Peneque,[15] apodo que llevaban ya

---

[12] A set expression, equivalent to being left on the shelf in English; it alludes to the idea that unmarried women can spend time helping out in the church, where there are typically images of saints wearing clothes that they can make, maintain, and change for special occasions.

[13] De Burgos's mother was fifteen when she gave birth to Carmen and the author herself may have been sixteen when she married (Núñez Rey 2005: 27 and 71, respectively).

[14] 'If he did have an occasional drinking binge'.

[15] Literally, 'Antonio the Drunkard', which may have influenced the gossip about him in this regard more than his ruddy complexion, albeit unfairly, since it is evidently an inherited epithet.

sus antepasados, y que era el único apellido que podían ostentar, pues el único que sabía su verdadero apellido fue un abuelo que se ahogó en el mar una noche de alijo. Cuando llamaron al hijo a declarar no pudo decir su apellido; solo pudo decir, casi llorando:

—El apellido se ha ahogado en el mar con mi padre.

Y desde entonces no los conocieron más que por los Peneques, y a sus enemigos les servía de risa y comidilla la anécdota de su verdadero apellido ahogado en el mar con el abuelo.

Aunque aún faltaba más de un mes para la boda, no se hablaba de otra cosa en todo el contorno. Las mozas se preparaban para la fiesta con la secreta esperanza de que se realizara el refrán de que siempre de una boda sale otra.

Todas comentaban envidiosamente los preparativos que harían en el cortijo de los Tollos para recibir a Pura, pues aunque todas aparentaban despreciar a Antonio, hubieran querido estar en lugar de la novia.

Las que habían logrado ver los preparativos decían que toda la alcoba tenía cortinillas blancas, y que a la cama le habían puesto tantos colchones que estaba más cercana al techo que al suelo.

Las camas altas eran como un lujo de la comarca. Debajo de ellas se guardaban ropas y herramientas, y como las colchas no bastaban a cubrirlas, se ponían delanteras bordadas, que consistían en volantes de encajes y entredoses, los cuales caían como las guarniciones de los altares.

Todos los buhoneros que con sus arquillas sobre las burruchas o sobre las espaldas iban vendiendo telas, encajes y baratijas, acudieron a los cortijos de los novios y se hacían lenguas contando[16] las compras que les habían hecho. Se sabía que Antonio le había regalado a la novia un traje de holancete, otro de merino negro, un mantón de manila[17] y un collar de corales.

Sin embargo, los vendedores continuaban yendo, después de cada viaje de recova, a Níjar o a Almería, con las nuevas novedades.

Las cabezas de las cinco muchachas se unían para mirar todas aquellas cosas del fondo de la arquilla.

La juventud y la gracia las igualaba a todas. Cándida e Isabel eran primas pobres que vivían en compañía de Pura; y Rosa y Encarnación, vecinas que les servían de criadas. Pero entre todas se había formado una especie

---

[16] 'raved about'.
[17] The flowered and fringed shawl worn with traditional Andalusian dress (many examples can be seen on Google images). Manilla is the capital of the Philippines, which was a Spanish colony until 1898.

de camaradería que borraba diferencias: todas atendían a los quehaceres del cortijo y todas comían en la misma mesa y se iban juntas a los bailes.

Rosa se puso en su mano regordeta, colorada, donde el frío del agua había abierto grietas, una sortija de gran piedra azul y la miraba a la luz como si hubiera sido un diamante.

Isabel ponía sobre su pecho un alfiler que fingía un racimo de uvas encarnadas. Cándida miraba embelesada unos aretes de latón y cristal; y Encarnación y Pura reconcentraban la atención en la caja de flores contrahechas donde lucían soberbias rosas rosadas, de tamaño descomunal, sobre hojas de papel de talco.[18]

Tan distraídas estaban que no oyeron el ruido de los pasos de las cabalgaduras que se aproximaban. Bien es verdad que debían de ser amigos, porque «Zaida» y «Sola» no ladraron.

Así es que las sorprendió ver detenerse a la puerta los tres potros enjaezados y oír la voz de Antonio y sus dos amigos al pronunciar el saludo habitual:

—A la paz de Dios.

No los esperaban tan temprano aquel domingo. Rosa y Encarna salieron huyendo para que no las viesen sin vestir de gala aún. Isabel y Cándida se ruborizaron de esperanza.

Antonio iba rara vez sólo. Siempre llevaba amigos. Sobre todo no faltaba jamás Joseíyo, cuya visita no parecía desinteresada, pero que no acababa de decidirse por ninguna de las dos primas. Aquella tarde los acompañaba también Ceferino, un primo de Antonio, al que no le parecía costal de paja Cándida.[19] Esto parecía indicar que José se inclinaría a Isabel.

Mientras Antonio iba a cumplimentar a la futura suegra y Ceferino amarraba las bestias por las bridas a los hierros de la ventana, José se acercó a las muchachas.

Pura tenía en la mano la gran sortija azul, abandonada por Rosa en la huida.

—Supongo que no te irás a comprar eso —dijo.

—Pues es muy bonita.

—Sí, pero Antonio te ha comprado una que vale más que ésa.

—¿Cómo lo sabes?

—Porque me la ha enseñado.

—¿Y cómo es?

—Se enfadará si te lo cuento.

---

[18] 'tissue paper' (not the usual term in present-day Spanish, which is *papel de seda*).
[19] 'whom Cándida did not leave cold.'

—No le diré nada.
—Pues es de oro macizo.
—¿Quieres callar?
—Y con una gran perla verdadera. Es la que te pondrá cuando os velen.[20]
La joven se quedó silenciosa.
—La he traído yo de Almería.
—¿Has estado en Almería?
—Sí...; me quiero ir a Orán[21] y fui a preparar el viaje.
—¡Qué suerte irse lejos! ¡Ver tierras! —dijo Pura—. ¿Cuándo te vas?
—Cuando os caséis. Ahora Antonio me necesita para todo. Le he traído hasta las arras[22] en monedítas de oro de dos duros que son una preciosidad, chiquitas, para que te quepan bien en las manos.

La voz de Antonio los interrumpió.
—¿Qué andas charlando ahí?
—Me decía que le gusta esa sortija azul —dijo José.
—Eso vale poco —respondió con orgullo el novio.
—Lo que le gusta —interrumpió Santiaguico— son este par de rosas.
—¿Y qué valen?
Pura atajó:
—No, no quiero que me las compres. Me gustan porque a mí me gustan mucho las flores..., pero no me las he de poner.
—Esta noche hay baile en el Granadillo... —insistió el buhonero.
—Pero ella ya no puede ir —dijo la madre, con cierta satisfacción—. Esta mañana se ha corrido en Níjar la primera amonestación.
—¡Ah!, vamos, que estás ya presa —dijo el vendedor—. Cómpramelas tú, Isabel.
—No tengo dinero.
—Si me dejas que yo te las regale —dijo Ceferino.
—Regálale otras —dijo Antonio—. Aunque Pura no vaya al baile, quiero yo que se ponga esas rosas esta noche.

La joven había enrojecido. Sentía una sensación de malestar. Le parecía que era verdad que con aquella amonestación lejana estaba presa.

Su cautividad le impedía ya salir a la calle. Una mujer amonestada no se presentaba en ninguna parte ni salía de su casa.

---

[20] The point in a traditional Catholic wedding ceremony at which a veil is placed over the head of the bride and shoulders of the groom.
[21] A city on the Algerian coast.
[22] Thirteen coins given by the groom to the bride during a traditional Catholic wedding ceremony.

Le pareció que los ojos de Antonio la miraban con expresión distinta, con algo de amo, de vencedor, como si la valuase y tomase posesión de su cuerpo. Experimentaba algo doloroso, algo de vergüenza. Aun quiso protestar de aquel regalo.

—A mí me gustan las flores naturales, que tengan olor..., los claveles y los nardos...

Pero Antonio no le hacía caso.

—Vamos a ver, Santiaguillo, si llevas un buen pañuelo de la cabeza para la tía Antonia.

—¿También para mí? —dijo la madre contenta.

—Pues ya lo creo. A ver, Rosa, Encarnación, tomar lo que más os guste.

—Nosotras no estamos amonestadas y nos estamos vistiendo para ir al baile del Granadillo —respondieron desde dentro las muchachas.

—¿Y por qué no vais vosotras también? —preguntó Ceferino, que había ofrecido un par de peinas con cuentas de vidrio a Cándida e Isabel.

—Pues claro que sí van —afirmó José.

Las muchachas dudaban.

—¡Dejar sola a Pura!

—Las novias no necesitan a nadie —respondió el joven.

—Pero ¿quién nos lleva?

La severa moral campesina exigía que no fueran las mozas solas, aun reuniéndose tantas, y la madre tenía que quedarse para guardar a los novios.

—¿Dónde está el tío Frasco? —preguntó Ceferino.

—Mi padre fue con las muchachas a recoger los pares del haza[23] —respondió Pura.

—Entonces no debe tardar y lo convenceremos.

—No costará mucho trabajo —dijo riendo la esposa—, que, viejete y todo, siempre le gusta echar una cana al aire.[24]

—Pero usted no se disgustará.

—¿Por qué? No me va a traer ningún chico a casa.

Protestaron las sobrinas con el deseo de ir al baile.

—El tío no mira a las mujeres.

—Que os creéis vosotras eso —repuso con viveza, como si la indiferencia de su marido fuese algo ofensivo—. Los hombres, cuanto más viejos más pellejos. Y no me pesa, porque caballo que no relincha cuando ve a la yegua...

---

[23] 'My father went with the girls to collect the animals from the field.'
[24] 'to let his hair down.'

Las dos muchachas salieron compuestas, frescas y lavadas, anunciando que ya estaba la olla pronta para volcarla.[25]

No fue preciso esperar mucho. Frasco Cruz llegó del campo con los muleros y aceptó con alegría el ir de guardián de las muchachas. Dos de los criados los acompañarían y se quedarían otros dos a cuidar las bestias.

Fue preciso que se cambiaran el turno entre ellos para que le tocara ir al novio de Rosiya.[26]

La comida fue alegre. Se puso una mesa pequeña y baja en medio de la gran cocina, de dos naves, partidas por un arco, en cuyo centro había una argolla de hierro. Era la cocina donde en las noches de baile cabían doscientas personas y que servía de comedor, de recibimiento, de dormitorio a los muleros, cuando se quedaban en casa, y hasta de almacén, porque en torno de la nave primera se amontonaban los objetos, y detrás del gran portón claveteado, que se atrancaba con mozo y cerrojos, se ocultaban durante el día las labores de esparto[27] y los aparejos de las bestias.

Se cubrió la mesa con un blanco mantel, se colocó encima la enorme fuente vidriada con honores de lebrillo, y las dos muchachas volcaron en ella, no sin trabajo, la olla, que esparció con su vapor el perfume apetitoso del tocino y los garbanzos cocidos con la berza y las patatas, capaz de tonificar la desgana más pronunciada.

No se ponían platos ni vasos. Los que tenían sed se levantaban a beber en las rezumantes jarras de barro,[28] que ofrecían su frescura sobre la cantarera, a cuyos lados colgaban las coquetas toallas blancas, con encaje de crochet, que no se usaban nunca.

El vasar, de arco, empotrado en la pared, estaba atestado de platos y de vasos; en torno de él colgaban las asas, o sujetas por lazos, tazas y jícaras; las paredes estaban cubiertas de grupos de botellas formando piñas; entre ellas se veían cromos y estampas de santos mezcladas con panochas, pimientos secos o calabazas de cuello que llamaban la atención por la forma o el tamaño, mereciendo por eso el honor de conservarlas como rareza.

Pero nada de esa loza se usaba; ni los cobres y las ollas colocadas en el alero de la leja,[29] sobre el extremo donde estaba el hogar, servían nunca.

---

[25] 'the meal was ready to be served' (literally, the pot was ready to be overturned, which is to say its contents tipped into a serving dish).

[26] 'They had to change the rota so that Rosiya's boyfriend could go.'

[27] 'the basket-weaving handwork'.

[28] The earthenware jugs used to keep water cool have condensation on their surface. *Rezumar* literally means 'to ooze'.

[29] This seems to refer to the pots hanging under the shelf. *Alero* usually means 'eaves' and *leja* is an uncommon word for 'shelf'.

Sólo una cuchara para cada uno y una faca para partir el pan de todos les bastaba. El vino, las raras veces que, como aquella noche de gala, se bebía, daba la vuelta al corro en el mismo jarro.

Comían todos en la misma fuente. La madre ponía en el lado de cada uno el pedazo de tocino que le correspondía. Sólo se había sacado en tazones la comida de los zagales, que, por su poca edad, no se sentaban aún a la mesa de los mayores, y que habían ido a comerse su ración sobre el tranco[30] de la puerta, cerca de los perros, que los miraban ansiosos esperando su vez.

Estaban alrededor de la mesilla todos, amos, amigas, huéspedes y criados. Si había mucha gente todo se reducía a que el corro fuese mayor.

Se hablaba, se reía, se bebía en abundancia. La olla resultaba tan cargada de tocino que, al decir de Santiaguico, era capaz de resucitar a un muerto. El pan era de trigo, sin mezcla de cebada ni de maíz, pan de ricos, que atestiguaba felicidad y bienestar.

Cuando acabaron de comer, las chicas levantaron la mesa y un cuarto de hora después los que iban al baile se despidieron alegremente.

La noche era oscura, los caminos áridos y pedregosos; tenían que andar más de una legua[31] para llegar al Granadillo, pero todos iban contentos. En llegando bailarían y cantarían sin cansancio ninguno, y aunque no retornarían hasta el amanecer, también andando, no se les notaría fatiga en sus ocupaciones habituales.

Los dos mozos no tardaron en sacar las cabeceras de paja y los cojines y acostarse en un ángulo de la gran cocina, cubiertos con las mantas, sin más que quitarse las chaquetas, las fajas y las esparteñas. Un hombre que se desnudara para dormir sería considerado allí como el colmo del afeminamiento, así como la mujer que no se despojase hasta de la camisa para entregarse al sueño pasaría por el colmo de la suciedad. Se quedaron solos Pura, su madre y su novio. Él, sentado cerca de ella, que, perezosa e inactiva, se entretenía en hacer y deshacer pliegecitos en el borde de su delantal, mientras dejaba vagar los ojos azules por los ángulos oscuros de la cocina.

La madre hilaba las placas de lana, recién cardada, bien oliente al óleo y al aroma de establo, y Antonio les narraba cómo iba la cosecha de sus campos, la abundante cría de sus ovejas y la desdicha de que atacase todos los años a su piara el mal *colorao*.[32]

---

[30] The youngsters have taken their bowls of food to eat in the doorway, sitting on the ground by the dogs. *Tranco* means 'threshold'.

[31] *Una legua*, a league, is three miles.

[32] Also known as 'el mal rojo', a disease most commonly afflicting pigs, called

De vez en vez bajaba la voz para dirigir un cariño vulgar a su prometida, que lo recibía con esa habitual reserva campesina, bajo la que no se sabía si se ocultaba pudor o disgusto.

Con la puerta cerrada, que impedía ver las Cabrillas,[33] y sin reloj que marcara el tiempo, las horas se le hacían a Pura interminables. Su pensamiento seguía a sus primas y sus amigas. Tenía idea de la animación del baile. Recordaba los triunfos a que renunciaba, y sentía la tristeza que acompañaba en su casamiento a la campesina andaluza, obligada a dejarlo todo.

Y tenía la sensación de que era preciso casarse. Una solterona allí tenía también una renuncia obligatoria de las fiestas, acompañada del ridículo de que se libraba la casada. Comenzaba a comprender por qué su madre parecía haber revivido en ella, y por qué buscaba el pretexto de tener las sobrinas al lado, ahora que ella se casaba.

Casarse era preciso; pero el casarse ¿era ir al amor o era ir al fastidio?

No se atrevía a mirar a su novio al hacerse esa pregunta. Le parecía que no lo había visto bien, que no sabía bien cómo era. Era el marido en que había pensado desde muchacha, sin precisar sus rasgos.

Le había gustado triunfar de un solterón recalcitrante y de todas las que lo deseaban. La complacía el lujo que podía desplegar en su boda, la envidia que iba a despertar. Así, cuando Antonio comenzó a hablar de los muebles, las ropas y las joyas que aún tenían que comprar, se borraron de su espíritu las impresiones penosas, y la llegaron a sorprender las alegres voces y risas de los que volvían contando sus anécdotas del baile, como si retornasen antes de lo que los esperaba.

II
El ramo de flores

La semana transcurría con esa rapidez con que se ven huir los días muy llenos de cosas en nuestra vida.

Toda la gente del cortijo del Monje estaba preocupada con la boda de Pura.

'diamond-skin disease' in English (*Erysipelothrix rhusiopatiae*). Notice how dull Antonio's conversation is, so that we sympathise with Pura's boredom and dread at the thought of spending the rest of her life with this man.

[33] This presumably refers to an area in the Sierra de Cazorla, about 250 km from Níjar. The Pico de la Cabrilla is 2048 m high so could be on the horizon for Pura if the door were open.

La madre no se bastaba para disponer todo lo que era necesario.[34] Había de salir de allí la comitiva[35] y allí se había de celebrar la comida de bodas al retorno, antes de ir a casa de los novios para celebrar el gran baile y las fiestas de la tornaboda.

Como el futuro yerno era rico y ostentoso, y estaba dispuesto a echar la casa por la ventana,[36] la tía Antonia no quería quedarse atrás.

Se preparaba a amasar tablas repletas de pan candeal, rosquillas y mantecados.[37]

Una ternera de nueve arrobas se sacrificaría para el festín, y para los invitados al baile se preparaba un saco de garbanzos tostados, en su baño de cal,[38] que les haría parecerse, con esa cosa de cabeza humana que tiene el garbanzo, a cabecitas de pierrots; y otro saco de cacahuetes, además de la gran buñolada y las rondas de vino y anisado.

Las muchachas todas, así las de la casa como las de los lugares de tres leguas a la redonda,[39] preparaban galas que ocultaban cuidadosamente unas de otras para lucir en la fiesta.

Toda la semana había estado Pura teniendo visitas, con el deseo de ver sus ropas y sus regalos. Una verdadera romería al cortijo del Monje, que no le daba tiempo de aburrirse.

El goce de ver la admiración y la envidia de sus amigas, y de escuchar sus elogios, le hacía no cansarse de abrir las arcas y mostrar una y otra vez todas sus ropas.

Su madre apenas podía ocuparse de las visitas, no sólo por los quehaceres, sino por vigilar a Rosa. Desde la noche del baile, el novio y ella estaban tan amartelados que la tía Antonia sentía miedo de su responsabilidad si le ocurriera algo a la muchacha en su casa.

El vivir los dos novios bajo el mismo techo era un verdadero peligro

---

[34] 'The mother could not manage all the necessary preparations.'

[35] The group of people who accompany the bride, her entourage.

[36] 'to go overboard spending like there was no tomorrow'.

[37] *pan candeal* means white bread; *rosquillas* are a kind of doughnut; *mantecados* are a type of bun. These are all luxuries, only eaten on special occasions by ordinary people in the Andalusia of this period.

[38] Toasted chickpeas are still eaten as a snack in Spain and Latin America and there are plenty of recipes explaining how to prepare them. However, *cal*, meaning 'lime', as in limescale or the quicklime used in whitewash, for example, is no longer commonly part of the preparation, though it is still to be found recommended as one way of preserving olives (<http://inta.gob.ar/documentos/manual-de-conservas-caseras/at_multi_download/file/10.%20Manual%20de%20conservas%20caseras.pdf>, 43).

[39] 'in a radius of three leagues'.

en aquellas circunstancias, en las que el no oír hablar más que de bodas y amores había de excitar su pasión.

Y precisamente en aquellos momentos no podía prescindir la tía Antonia de ninguno de sus servidores. Prefería sacrificarse a una vigilancia continua. Donde iba Rosa, allí aparecía Juan, y no era que el muchacho la perseguía, porque cuando él no venía lo buscaba ella.

No podía dejarla ir por agua al aljibe sin que la acompañara alguien de su confianza y, a veces, a pesar de sus diez arrobas aristocráticas, reveladoras de mujer que no tiene que trabajar, se veía obligada a subirse en la burra que llevaba los cuatro cántaros en las aguaderas y hacer a la muchacha que tirara del ronzal del pobre animalito, que iba dándose garrón con garrón[40] abrumada de peso.

Eran tristes los alrededores del cortijo del Monje;[41] cortijo de secano en medio del despoblado, entre los cerros chatos y pelados, sin más flora que la leña, la palma y las atochas. No había más árboles que un almendro y una higuera, rodeados de un balate de piedra, más allá de la era, frente a la puerta del cortijo. Allí habían plantado las chicas unas matas de palo santo[42] y hierbabuena, y algunos alhelíes, y clavellinas, por lo que le daban pomposamente el nombre de *El huerto*.

El cortijo era grande, tenía cierto aspecto feudal cuando se le veía de lejos, porque el estar en la hondonada hacía que se descubriese el extremo de los arcos de las tinadas de las reses y tenía cierto aspecto de claustro, que rimaba con la puerta del cementerio y los cipreses puntiagudos y tristes.

Para regar aquellas pocas plantas tenían que ir por agua al aljibe, a un cuarto de legua de la casa. Aunque se quejaban de aquella excursión que necesitaban hacer unas veces bajo un sol de llamas y otras con una lluvia que calaba los huesos, no dejaba de ser divertida para mozas y mozos, cuando iban juntos, en medio de la monotonía de aquella vida.

El aljibe estaba situado en un sitio solitario y medroso, en el entrecruzamiento de las cañadas,[43] cuyas vertientes lo llenaban de agua.

Era un depósito enorme, hundido en la tierra, capaz para abastecer de agua el cortijo, pero se hacía difícil sacarla con un cubo al extremo de una cuerda y un sistema de poleas.

---

[40] 'which tottered along'.

[41] This summarises the remainder of the paragraph and is the key point to grasp. The rest details the poverty of the vegetation on this arid land.

[42] A hardwood tree sometimes known as guayacan or ironwood, sometimes left untranslated, traditionally used in the manufacture of flamenco guitars, amongst other uses.

[43] 'where paths between the hills crossed'.

Cerca del aljibe había un pilón para beber las bestias, y antiguamente iban allí los caminantes a descansar y dar agua a sus caballerías, pero ahora únicamente abrevaban los ganados de la finca, y el aljibe tenía puerta cerrada con llave. Se habían hecho pequeñas troneras para que entrase el agua de las lluvias.

Esto obedecía a un suceso macabro, del que se conservaba memoria por la cruz puesta sobre la puerta del aljibe. Las aguas habían ocultado un cadáver, no caído casualmente, sino asesinado, porque una gran piedra lo había sujetado al fondo. Durante muchos años se había bebido aquel agua, hasta que al fin, en una limpia, fue encontrado el esqueleto.

Esta leyenda hacía más lúgubre aún aquella cañada, desde la que se distinguían dos cruces a orilla del camino, entre los montones de piedras que acumulaban a su alrededor los devotos cuando, al pasar, rezaban una oración y arrojaban aquella especie de cuenta de rosario por el alma del asesinado o el muerto sin confesión, que debía tener su purgatorio en aquellos lugares, y a veces se aparecía pidiendo algún sufragio. Todos los cortijeros sabían ya la mezcla de invocación y exorcismo para estos casos: «De parte de Dios te pido que me digas quién eres y qué quieres.»

Todo esto hacía que las mozas tuviesen miedo de ir solas por agua al aljibe, y esperaban la ocasión de reunirse varias y aprovechar las horas en que llevaban los mozos el ganado al abrevadero. Esto tenía para ellas la ventaja de que los zagales les ayudasen a tirar del cubo chorreante del agua de lluvia fresca y amargosa que salía del aljibe, y de que a veces les ayudasen a llevar los cántaros, que ellas sabían colocar tan airosamente sobre la cadera, rodeándolos amorosas con el moreno brazo; porque las andaluzas no ponen los cántaros sobre la cabeza, quizá por la costumbre de llevarla enflorada desde que se levantan.

Ahora, con el noviazgo, la tía Antonia no se atrevía a dejar a Rosa, y tenía que ir de vigilante o enviar a la misma Pura, porque temía al compañerismo con que las muchachas se hacían capa.[44]

—No quiero que ocurra nada en mi casa —solía decir.

Y a veces añadía ufana:

—Podían atribuirlo a mi marido.

Todo el mundo se hacía lenguas del equipo de Pura, aunque criticaban que era demasiado para una labradora. Tenía por docenas los pañuelos de seda para la cabeza, ya que era costumbre que las casadas no la llevasen descubierta.

---

[44] 'she did not trust the camaraderie whereby the girls covered for each other.'

Y por docenas también tenía las camisas de lienzo fino, largas, anchas, con grandes mucetas de cadeneta, y los justillos,[45] las enaguas de volantes encañonados a fuego, refajos de lana magenta y amarilla acabada de tejer.

Tenía vestidos de merino y de holancete para toda la vida; pañuelos de crespón del talle en varios colores: garbanzo, tórtola y aceite. No faltaba el clásico mantón negro bordado en colores y otros dos más, uno blanco y otro color manteca, de esos que casi no se ponen las casadas y que luego heredan las hijas y las nietas.

—Haces bien, hija —decían las envidiosas, viendo sábanas marcadas, almohadones de jaretón, toallas de complicados flecos—. ¡Lo que la novia no ve en la boda...!

Aunque gozaba con aquellas vanidades, Pura se ponía triste cada vez que revolvía en sus arcas. Por un sentimiento casi inconsciente le parecía que lo tenía todo para su boda menos el novio.

La Naturaleza, al darle un cuerpo más hermoso que el de la mayoría de las mujeres, le había dado también un espíritu diferente, más fino, más lleno de inquietudes. Había mirado muchas veces desde el fondo de la hondonada en que vivía hacia los cerretes que, bajos y todo, le limitaban el horizonte, dejando el lugar como en el fondo de un pozo. Y, mirando hacia allá, había soñado en cómo se divertirían las mujeres de las ciudades. Había estado en Níjar y en Almería lo bastante para vislumbrar una vida diferente de la suya.

Y luego, los hombres en la ciudad eran más finos. Su novio, tan mayor para ella, tan rudo, no era para despertar su pasión. Esta vivía sólo en su cerebro y así podía sujetarla a lo que era la conveniencia para los suyos; pero, a cada momento, según avanzaban los preparativos, se sentía más triste.

Iba a abdicar esa especie de cetro que allí tenía la mujer soltera, para entrar en las obligaciones y la esclavitud de las casadas; en un lugar donde, por amantes que fueran los hombres, tenían que mostrarse fuertes, duros, si no querían caer en el descrédito de que los supusieran dominados por las mujeres. Y al dejar su vida de soltera no tenía la recompensa de la ceguera que dominaba a Rosa y a Juan. Ella hubiera querido poder enamorarse así.

El sábado llegó Joseíyo sólo. Traía un enorme ramo de claveles

---

[45] A *muceta* is a shoulder cape; *cadeneta* is a diminutive form of *cadena*, meaning 'chain', and could refer either to chain-stitched embroidery decorating it or a chain fastening for it; a *justillo* is a bodice. The point here and in what follows is that Pura's trousseau is very lavish indeed for someone of her class, giving rise to a mixture of admiration and envy amongst her peers.

reventones, color de sangre de toro, con esa fuerza que da la tierra de Andalucía a sus flores.

Los corazones de Cándida y de Isabel latían apresuradamente pensando en una declaración y creyéndose cada una la preferida.

Pero él se acercó a Pura.

—Te traigo este encargo de parte de Antonio —dijo—. Él no puede venir este domingo. Me encarga que te lo diga. Está haciendo las particiones y ese día llega de Sorbas su hombre bueno.

—¿Y cómo me manda esto? —preguntó Pura un poco extrañada de tanta galantería.

—¡Como dijiste el domingo pasado que te gustaban tanto las flores naturales!

—Es verdad.

Todas las muchachas celebraban el ramo con esa paradoja que es comparar las flores artificiales con las verdaderas, o viceversa:

—¡Son tan rojos que parecen negros!

—¡Parecen contrahechos!

—¡Como si fueran de papel picado!

Pura los olía tan ansiosamente que casi había ocultado el rostro entre los pétalos.

Cuando levantó la cabeza estaba pálida y parecía que se había encendido en sus pupilas azules una luz extraña.

—¿Qué tienes? —preguntó la madre.

—Estoy un poco mareada.

—¡Es que esos claveles huelen que trasciende! —dijo Rosa.

Pura se había levantado para ponerlos en agua.

Frasco Cruz invitó a cenar a José. Él tampoco podía volver el domingo próximo, porque se marchaba a Almería para arreglar su viaje a Orán. Ahora se ocupaba en traer caballos árabes del África francesa y venderlos en el pueblo.

Les contaba las grandezas de aquella tierra; las cosas, casi milagrosas para ellos, que allí existían. Se ganaba el dinero sin trabajar y se divertía uno.

Su imaginación le hacía inventar cosas fantásticas que suspendían de sus labios al auditorio.[46]

—Figúrese usted, tío Frasco, que todo se hace con máquinas: la siembra,

---

[46] 'He had his audience hanging on his every word as his imagination invented magical things.'

la siega, la trilla, todo. Pero máquinas que no hay más que tocar un botón y estar sentadito mirando cómo se hace.

—¡Caballeros!

—¡Digo!

Exclamaron con asombro los oyentes.

—He visto una máquina que se metía la mies por un lado y ella la trillaba, la aventaba, molía el grano, cernía la harina, amasaba y cocía el pan. Así, en un santiamén, en menos que dice misa un cura loco, entraban las gavillas por un lado y salía el pan calentito por otro.

A nadie se le ocurriría poner en duda lo que aseguraba haber visto él mismo, pero la tía Antonia se santiguó y dijo:

—¡Ave María! Yo no me comería ese pan. Debe ser cosa de brujería.

III
El embrujamiento del perfume

Al domingo siguiente fue Antonio solo. Era ya la última amonestación y nadie salió del cortijo. Se quedaban acompañando a Pura en su último domingo de soltera. La boda sería la semana próxima.

Durante la comida se habló de los proyectos que hacían encenderse de rubor las mejillas de Pura y brillar los ojos de Antonio,[47] cuando se clavaban en el rostro de su prometida.

Tenían que salir el sábado de madrugada para llegar a Níjar a hora de recibir la bendición y, después de descansar las horas de sol de la siesta, volver con la fresquita,[48] a fin de estar a tiempo de la comida y marchar al cortijo de los Tollos para armar el baile, que duraría ya hasta el lunes de madrugada. Iba a ser una boda de rumbo.

Pero la velada, a pesar de la promesa de diversiones, transcurría cansada y triste. Faltaba Joseíyo, tan decidor y alegre, que él sólo llevaba la conversación y los animaba a todos. Ceferino, por más esfuerzos que hacía, no llegaba a igualarlo.

Rosa y Pura estaban sentadas cerca de sus novios haciendo uso de ese permiso de hablar en voz baja, abstraídos de la reunión, que se concede a los enamorados.

Pura se sentía más inclinada que lo había estado nunca hacia su novio. Durante aquella semana se diría que la había penetrado un sentimiento

---

[47] 'plans that made Pura's cheeks blush fiery-red and Antonio's eyes glint.' One assumes the subject of their future children must have been raised.

[48] 'to return in the cool of the day'.

nuevo, como un deseo de fusión de su ser, para hacerse más amplio. Era un sentimiento que le había dado el manojo de claveles con su fuerte olor a clavo.

De día lo tenía en el vasar y de noche se lo llevaba al ventanillo de su cuarto, que a causa del calor permanecía abierto.

El airecillo penetraba hasta su cama y le oreaba el rostro con suavidad de abanico perfumado.[49] Era una caricia la de aquel perfume que la envolvía. Le causaba a un tiempo una sensación de placer y de malestar; la ponía nerviosa, la[50] quitaba el sueño, y la hacía levantarse, ir a la ventana, abismarse en aquella paz desolada del campo y del cielo sereno y brillante. Escondía el rostro entre los pétalos suaves y frescos de los claveles, aspiraba, con hambre y con sed de todos los poros, el perfume penetrante y sentía ganas de llorar, sin saber por qué.

Era una sensación fuerte y poderosa: la poseían los claveles, con el aroma que la penetraba como un puñal. Entonces pensaba en un hombre. Se sentía atraída hacia su novio por haberle enviado aquellas flores que estimaba más que todos los regalos que le había hecho de trajes, mantones y collares. Era el primer mensaje que le hablaba de amor, la primera vez que sentía estremecerse su carne con el deseo de un beso.

Pero, ahora, sentada cerca de Antonio, le parecía que se iba desvaneciendo aquel sentimiento de amor que había experimentado cuando estaba lejos. El hombre no realizaba la promesa del ensueño.

Ya se iba a despedir para marcharse, antes de que se pusiera la luna e hiciera peligrosos los caminos, pues el novio no tenía hospitalidad en casa de la prometida, cuando ella le dijo:

—Los claveles están frescos todavía, ¿sabes?
—¿Qué claveles?
—Los que me enviaste con Joseíyo.
—¿Yo?
—¡Ah!

Los dos callaron, seguros, cada uno, de haber dicho una simpleza.

Momentos después Antonio hacía trotar a su caballo en dirección a su cortijo. Aunque no era cobarde para con los hombres, le amedrentaba la cosa de cementerio que rodeaba al cortijo del Monje en aquel paraje agreste, hundido en la tierra árida, con la desolación de sus cipreses y sus cruces.

---

[49] 'The breeze, perfumed [by the carnations at the window], reached her bed and gently fanned her face.'

[50] A case of *laísmo*: *le* would be more correct here, but this usage is common to some varieties of Spanish and gives the diction a certain conversational feel.

—Por fortuna he hecho mi última visita —pensó.

Ya sólo había de volver una vez para buscar a la esposa. Lo había martirizado en su noviazgo la necesidad de pasar aquellos caminos en las noches invernales, cuando entre las sombras parecía que se agrandaban la cruz del aljibe y las otras dos cruces, conmemorativas una de un carabinero[51] asesinado allí por los contrabandistas y la otra de una enferma que falleció sobre la mula en que la llevaban al pueblo para ver al médico.

Empezó a cantar a dos voces, como hacían los que no querían que se creyese que iban solos, sin pensar que el ruido de la cabalgadura denunciaba que no tenía compañero.

Iba furioso. ¿Por qué le llevaba Joseíyo flores a Pura sin saberlo él?

Le mordían los celos, y eso que creía en la amistad de José, que lo había acompañado todo el invierno, pacientemente, en sus visitas al cortijo del Monje.

De pronto, en el cruce del camino oyó el trote de otro caballo. Puso el suyo al paso y se previno, mirando en las tinieblas, hacia el lado de donde venía el ruido.

Oyó la voz bien conocida de José que le preguntaba:

—¿Eres tú, Antonio?

Respondió con otra pregunta:

—¿De dónde vienes?

—Estuve en Los Abercoques, en el baile. A ti no hay que preguntarte.

—Sí, vengo de casa de Pura.

—¿La última visita?

—¡La última!

Había algo raro en el acento de los dos amigos. De pronto, Antonio dijo:

—Oye, José, entre hombres no hay que andar con rodeos.[52] ¿Qué es eso de llevarle tú flores a Pura de mi parte?

Se escuchó la sonora risa de Joseíyo.

—¡Calla, pues es verdad! No te he visto después para advertirte. ¿No le habrás dicho que no había sido tú?

—No te comprendo...

—Pues es sencillo. Cuando me enviaste a decir que no podías venir el domingo pasado, me di la vuelta por la Hortichuela y todo el huerto de Montano estaba lleno de claveles. Me acordé de que Pura dijo que

---

[51] Soldiers employed to fight the contraband trade. The term comes from the *carabina* ('shotgun') they carried.
[52] 'Between men, there's not to be any beating about the bush.'

le gustaban, y pensé que llevándole un ramo de tu parte se le quitaría el amargor de boca de saber que tú no ibas.

—¡Podías haberme advertido!
—¿Es que has dicho que no eran tuyos?
—No. Me sentó mal.[53] ¿A qué negarlo? Pero creo que ella no ha comprendido.
—Puedes creer que no he tenido ninguna intención. Soy tu amigo.
—Hombre, ni que decir tiene..., te lo agradezco.
—Bueno. Yo me marcho por aquí ya.
—¿Te has ofendido?
—¿De qué me iba a ofender? Es natural que te sorprendieras.
—¿Por qué no vienes al cortijo?
—Tengo mucho que hacer. Ya sabes que me quiero ir a Orán en el primer barco. Yo no tengo genio de estarme aquí, siempre en el mismo sitio. Tengo un espíritu inquieto..., raro...
—Pero, ¿vendrás a la boda? Quiero que seas testigo.[54]
—Y a mucha honra.
—Además, deseo encomendarte unos potros y dos yeguas.
—Lo que quieras. Yo pasaré por tu cortijo un día de estos.
—¡Que no faltes!
—Tenlo por seguro. Buenas noches.

Dos coplas, alejándose en sentido contrario, marcaban el caminar de los dos amigos entre la plácida dulzura de los campos, en la sombra de la noche.

IV
La revelación

En cuanto Antonio se alejó un poco, José torció la rienda de su jaca y subió la ladera opuesta. No tardó en encontrarse al otro lado del barranco. Allí, en la solana, el aspecto de la Naturaleza cambiaba. La nota triste y fosca de la hondonada se borraba en el dilatado horizonte, en cuya lejanía distinguíase el mar azul.

Estaba la tierra cubierta de un tapiz de florecillas menudas; las primaveras, blancas y chiquitas, como estrellitas de nieve, cubrían las hazas.

En los balates crecían el trébol amarillo y, a su sombra, las graciosas orquídeas silvestres, con sus flores de aspecto de candiles y de abejas;

---

[53] 'I felt bad about it' (impersonal expression, literally 'it sat badly with me').
[54] Literally, a witness, the equivalent of best man.

mientras que en los riciales[55] lucían las amapolas y los jaramagos, formando las bandas de rojo, verde y amarillo.

Cruzó el arenal de la rambla, entre las lujuriantes adelfas y los rosales silvestres, y llegó a la tapia de Montano, la única finca cultivada como jardín de todo el contorno.

Estaba materialmente llena de claveles. Se apeó de la jaca, sacó la faca que llevaba entre la faja y comenzó a cortar flores, sin hacer caso de los perros, que ladraban desaforadamente, transmitiendo el aviso de su presencia a los cortijos cercanos, cuyos perros ladraban también, en respuesta.

Cuando tuvo un brazado grande de flores sacó del bolsillo de la chaqueta un listón y las amarró fuertemente. Satisfecho de su robo volvió a montar y emprendió a todo galope el camino del cortijo del Monje. Se sumió de nuevo en la hondonada triste, entre las laderas florecidas de tomillos y cantuesos y se dirigió al cortijo. Al llegar al aljibe se apeó y dejó la jaca amarrada de una de las argollas cercanas al pilón.

Avanzó a pie en dirección al cortijo, donde lo recibieron los perros con caricias, como a un buen amigo.

Se orientó un momento, y llegó al pie de la ventanilla de Pura. Estaba abierta y sobre ella se veía el gran puchero de barro que servía de búcaro al ramo de claveles, ya marchitos.

Él llegó, se empinó, tomó el puchero, quitó el ramo y puso en su lugar el que traía.

Sin duda, Pura no dormía. Oyó el crujir de la cama bajo el peso del cuerpo. El ruido de levantarse, y sintió cerca de él, en la ventana, a la que había llegado descalza, la voz de Pura, que preguntaba con más ansiedad que miedo:

—¿Quién está ahí?

Era ella... Allí, cerca, blanca y desnuda, como había saltado del lecho. Se sintió sobrecogido de una angustia sin nombre.

La voz de la joven susurró de nuevo:

—¿Quién está ahí? ¿Antonio?

Aquel nombre, en aquel momento, le produjo el efecto de un latigazo en la cara, y amparándose en la sombra huyó como un forajido hacia el aljibe para buscar su jaca.

Entretanto, Pura, con la ventana abierta, bebía con todo su ser aquella fragancia renovada de los claveles.

---

[55] Fields used to grow fodder crops. The botanical terms are less important than the marked change of atmosphere as the story follows Joseíyo: from gloom and aridity to sunny fertility, vivid colours, and the beauty of wild nature.

Había visto y conocido a José, o mejor, lo había adivinado. Era él quien le llevaba las flores. Ahora los claveles tenían un nombre, un rostro, un aliento.[56] No era Antonio el que la hacía temblar de amor, era José el que la envolvía en su caricia con aquel perfume penetrante como un puñal que penetraba en su carne.

V
Doble pasión

Había llegado al fin el día de la boda. En un ángulo de la gran cocina estaban preparados los aparejos nuevos para enjaezar las bestias y las *sobremantas* delanteras y almohadones con que se habían de adornar.

Las mulas en que cabalgarían Pura y la comadre debían llevar silletas, altas como un castillete, recubiertas de bordados. Era preciso que se distinguieran en toda la cabalgata, que había de ser numerosa, según las comitivas anunciadas que vendrían para unirse a ella de los lugares cercanos.

La tía Antonia se quedaba con Rosa y Encarnación para preparar el banquete, y Cándida e Isabel acompañaban a su prima.

A pesar de las tareas de prepararlo todo, lo que más preocupaba a las muchachas era su atavío. Cuando llegaron Antonio y José encontraron a Isabel, Cándida y Encarnación ante una lumbrarada de abulagas, que habían encendido cerca de la puerta para depilarse denodadamente los vellos indiscretos.

—¿Qué diablos hacéis? —preguntó Antonio.

—¿No lo ves? Nos quitamos el vello de los brazos.

—Voy a llevar un vestido blanco, sin mangas —dijo Cándida.

—Yo uno de vuelo, color de aceite —añadió Encarnación.

—No queremos estar feas y peludas —concluyó Isabel.

—¡Pero os vais a asar!

—No hay miedo.

—Es que ya huele a carne chamuscada. Por cierto que debe ser Cándida la que se quema, porque el olor es a carne morena.

---

[56] Notice the counterpoint relative to *La mujer fría*, where sexual desire was destroyed by the smell of Blanca's breath. Perfumed breath is here a metaphor for irresistible sexual desire. The idea that smell can have a powerful effect, trumping rational decision-making, is found recurrently in de Burgos. In a story about a delicious smell of food, she gives a pseudo-scientific explanation: 'el perfume de los ingredientes ... hiere los nervios olfativos y la idea que recibe el cerebro ejerce su influencia sobre la secreción de la insulina, y de los jugos psíquicos del estómago. Esto provoca un apetito irresistible, imperioso' ('Olor sabroso', *La Esfera: Ilustración Mundial*, 17: 845 (15 March 1930), 34–5, cited in Arbona Abascal 2010: 90).

—¡Qué gracia! Como si no fuera igual...
—No lo creáis. La carne morena huele de otro modo.
—Si lo dices por burlarte, no me importa —dijo algo enfadada Cándida—. A mí me gusta ser morena: «Lo moreno lo hizo Dios y lo blanco lo hizo un platero.»

Las tres muchachas reían, haciendo resaltar las líneas de luz de los dientes, iguales y blancos, sobre sus rostros juveniles.

—No te enfades—dijo Antonio—. Mira que estas se alegran de verte picada.

—Todo el mundo se alegra del mal ajeno[57] —respondió Cándida.

—No, mujer; tanto como eso, no... —dijo José—; alegrarse es demasiado, pero la verdad es que cuando le pasa algo desagradable a los demás no se puede evitar sentir por dentro *cierto fresquillo* de satisfacción.[58]

Antonio había entrado a la casa en busca de Pura, y el futuro suegro, que había comenzado a hacer uso del aguardiente, se preparaba a convidarlo, y preguntaba:

—¿Dónde se ha metido Joseíyo?
—Con las muchachas. Está siempre como Periquito entre ellas.[59]

José se apresuró a presentarse, y por más que quiso disimular, sus ojos buscaron a Pura. Ella lo miró un momento y los dos temblaron.

—¡Qué hermosa!—pensó él.
—¡Qué guapo!—se dijo ella.

Estaba en verdad interesante el muchacho, en contraste con el novio.

No muy alto, bien proporcionado, de un moreno rubianco,[60] como tostado y trigal; con el cabello rizado y los ojos pardos, grandes y dulces, tenía una expresión franca y risueña que atraía.

Toda la tarde estuvo locuaz, excesivamente nervioso, causando la risa de cuantos lo oían con sus graciosas salidas.

—A ver cuándo te casas tú, que ya te llama la iglesia[61] —dijo la tía Antonia.

—Yo no quiero hacer desgraciada a nadie —respondió él—. Tengo un carácter inquieto. Seguramente le daría disgustos a mi mujer.

—Eso es que no te has enamorado de veras.

[57] 'Everyone enjoys other people's troubles'.
[58] 'a certain frisson of satisfaction.'
[59] 'He's always in his element with them.'
[60] *-anco* is usually a pejorative suffix, though the context precludes that here; one assumes it to be affectionate, reflecting Pura's feelings as she studies him and compares him favourably with Antonio.
[61] 'So when are *you* getting married, or are you heading for the priesthood?'

—¡Quizá! Para yo enamorarme se necesitaría una cosa muy grande, muy extraordinaria y que me pillara de sopetón,[62] sin lugar a pensarlo.

—Tienes razón, muchacho —dijo Frasco Cruz—. El casarse tiene que ser como el que se tira al baño: de cabeza...

Pura se conservaba seria, indiferente, excesivamente fría; pero a nadie llamaba la atención su actitud por el comedimiento a que obliga el exagerado recato campesino en víspera de boda.

Ella misma no sabía lo que le pasaba. Sentía abrasarse sus entrañas en una ansiedad desconocida.[63] Todo su ser de virgen se estremecía de pasión no sentida, que despertaba con la boda, pero no para el novio: hubiera dado la vida entera por estrechar contra su pecho a José. Era como un suplicio tener cerca a Antonio. Se estremecía de repulsión al más leve contacto suyo, como si todo su ser protestara. Se sentía morir de angustia al pensar en que iba a pertenecerle; y aquel odio y aquella pasión nacían en la víspera de la boda como un producto de la sensualidad que la preparación del casamiento y la entrega de la virgen al hombre había puesto en el ambiente.

—Quizá el perfume de los claveles estaba embrujado —pensaba con miedo— o me ha dado algo para que lo quiera. ¡El olor de esos claveles ha sido para mí como una puñalada!

El regalo de aquellas flores había sido la confesión del amor de José. Pero ¿por qué no se lo había dicho antes? ¿Por qué había dejado que llegara aquel momento inevitable que dentro de algunas horas la haría esposa de Antonio?

Por fortuna se suprimió la velada aquella noche,[64] y al acabar de comer cada uno se fue a acostar. Era preciso salir a las cuatro de la mañana. Había que levantarse lo menos a las dos y tener a las bestias bien piensadas. Hubo sus bromas consiguientes respecto al sueño de los novios y a que las otras parejas no podrían dormir de envidia, ni las muchachas descansar pensando en adornarse para ir hechas un brazo de mar[65] con sus galas y sus flores.

Pero a pesar de las bromas casi todos los hombres no tardaron en dormirse. Se oían los ronquidos de Antonio, que había abusado un poco del peleón y del aguardiente del suegro.

Poco antes de las doce se levantó José.

---

[62] 'which would creep up and catch me unawares'.
[63] 'She felt as if she were burning up inside with a strange feeling of anxiety.'
[64] 'Luckily, the evening's socialising was called off that night.'
[65] 'dressed up to the nines'.

—¿Dónde vas? —preguntó entre sueños Antonio, que dormía en la cabecera de al lado.
—A dar el pienso a las bestias —respondió él.
—Iré contigo...
—No haces falta. Descansa.
—Gracias. ¡Voy a necesitar bien las fuerzas!
La torpe alusión encendió la ira de José.
Salió de la casa, fue a la cuadra, y en lugar de dar pienso a su caballo lo aparejó.
—Es mejor que me vaya —se decía furioso—. No podré soportar ver que este animal se lleva a Pura. ¡Y pensar que soy yo, yo solo, quien se la ha entregado, por mi cobardía y mi idiotez!

Él había ido allí las primeras veces como amigo, y aunque reparó en la belleza de la muchacha, no había pensado nunca en ella, hasta aquella tarde en que hablaron con el buhonero. Cuando ella rechazó las rosas porque ya estaba presa, cuando se dio cuenta que[66] se había corrido la primera amonestación. El eslabón primero de la cadena que la separaba de él. Se preguntaba por qué no se había ido ya; pero ni él mismo sabía cómo vivía desde entonces.

No podía dominar el impulso de buscar a Pura, de llevarle flores, de ir hacia ella, y luego sentía vergüenza de su doblez con el amigo, miedo de la repulsa de la muchacha, algo que le obligaba a huir y a disimular.

Pero ahora se daba cuenta de que había contado demasiado con su fuerza. Tal vez porque acababa de recibir la certeza de que ella también lo quería. Su pericia de hombre[67] le revelaba la pasión de la joven.

—¡Está tan loca por mí como yo por ella! —se decía—. Pero ¿qué hacer?

En su locura descartaba la amistad de Antonio. No valía esta un sacrificio, y si lo tomaba a mal, de hombre a hombre no había gran diferencia. Si en eso hubiera consistido la posesión de Pura, se la hubiera disputado faca en mano.

Pero no era eso. Era algo que se había formado con los preparativos de la boda y que tenía tanta fuerza como la boda misma.

Tenía que huir desesperado. Precisamente salía el domingo barco de Almería para Orán. Todo era adelantar el viaje una semana. Caminando

---

[66] Strictly, *darse cuenta* takes *de* (as in the next paragraph but one), but this form is commonly heard and gives a conversational feel, which is in keeping with the fact that we are tracking José's thoughts here, and also accounts for the grammatically incomplete sentence.

[67] *Pericia* means 'skill' or 'expertise'; it refers here to masculine intuition or sixth sense.

toda la noche podría llegar a tiempo.

Cuanto más lo pensaba veía que era lo mejor que podía hacer. Sentía los comentarios sólo por ella;[68] pero no había otro remedio. Si seguía allí ocurriría una barbaridad. No podría ver que un hombre, fuese como fuese, ponía la mano sobre Pura. Sólo de pensarlo sentía impulso de matar.

—Me iré, me iré —decía con resolución desesperada—. Me iré; no volveré a verla. Me recomeré los hígados.[69]

Y en el momento de irse lo invadía de nuevo el deseo loco de volverla a ver.

—¡La vez última!

Llevando el jaco de la brida se acercó a la ventana, que le pareció cerrada. Se detuvo indeciso y vio que sólo estaba entornada y que se abría de par en par.

—¡Pura!

—¡Joseíyo!

—¿Me esperabas?

—Sí.

El apremio de tiempo excluía toda coquetería y recato.

—¿Dónde vas?

—¡Muy lejos! Para no verte en poder de otro o para no matarlo.

—¡No te vayas, José! ¡No me dejes! —imploró la voz de ella —¡Me moriría de pena!

—¿Me quieres?

—¡Más que a mi vida!

—¿Y te vas a casar?

—¡Qué remedio me queda!

—Puedes decir *no* al pie del altar. Para eso pregunta el cura.

—¿Y si me falta valor? Es una cosa tan seria, delante de todos...

—Sí... ¡Pero piensa que no puedo vivir ya sin ti...!

—¡Ni yo quiero más que a ti en el mundo!

—¡Vente conmigo! —propuso él en una resolución súbita.

—¿Dónde?

—¡No sé...! ¡Lejos...! ¿Quieres?

—¡Yo! ¡No sé...! ¡No sé...!

—No hay tiempo que perder, Pura! Tenemos los minutos contados. Sí o no. *¡Para siempre!*

---

[68] In other words, he does not care that public opinion will criticise him, but deplores the idea that Pura might think badly of him.

[69] 'It will eat my heart out.'

—¡Voy contigo!

—¡Corre!

La joven hizo un gesto desesperado.

—Mi madre ha cerrado la puerta que da a la cocina.

Aquella previsión materna, celosa de la virginidad de su hija, que deseaba entregar al esposo *como Dios manda*, fue un nuevo aliciente a la pasión del joven.

—¿No hay otra salida? —preguntó con angustia.

—Tendría que atravesar el cuarto de mis primas.

—¡No te importe! ¡Ven! ¡Atrévete! ¡Que yo te tenga en mis brazos y no te quitarán de ellos!

Se inclinó ella, tomó los zapatos en la mano y echó a andar hacia el interior resueltamente.

Él, con la jaca de la brida, fue a colocarse frente a la puerta de la cuadra, un poco amedrentado de la proximidad del cementerio, como si creyese que allí había alguien que lo sabía todo y que velaba mientras los demás dormían. Fueron momentos crueles que le hacían sudar.

Al fin apareció Pura.

Sus brazos se enlazaron y un beso apasionado y largo selló los desposorios.

—No hay tiempo que perder.

La tomó a la grupa[70] y espoleó la jaca.

Comenzaba a iniciarse en el cielo la luz del amanecer por el lado de oriente, mientras que las sombras se amontonaban al otro extremo.

La jaca corría como una flecha. Él sentía los hermosos brazos de la muchacha en un abrazo estrecho en torno de su cintura. Ella percibía el calor del cuerpo de José y la caricia de los cabellos que, perdido el sombrero, flotaban al viento.

Pasaron sin santiguarse y sin verlas ante las cruces del camino y, sin mirar atrás, salieron del triste valle donde quedaba el cortijo unido al camposanto de los muertos como un cementerio de vivos.[71] Tuvieron que cruzar una haza para no tropezarse en el camino con una de las alegres pandillas que venían para unirse a la cabalgata de boda. Sólo después de una hora de carrera se detuvieron para dar descanso a la jaca. Se sentían

---

[70] 'He sat her behind him on the horse'.

[71] Note the striking symbolism: Pura and José at an exhilerating full gallop leaving behind Catholic convention and morality as they fail to cross themselves; associations with sadness (the 'triste valle' reminiscent of Psalm 23); death emblematised by the graveyard evoking the living death of going through with the planned marriage.

felices, como jamás hubieran podido serlo en una pasión serena y en una boda preparada.

Gozaban, sin saberlo, la voluptuosidad suprema de las uniones primitivas. La boda por rapto. Aquel deleite de los enamorados que en las tribus salvajes robaban a la esposa y escapaban con ella. Parecía más intenso así el placer de la conquista. Y la voluptuosidad de ellos era aún mayor, porque iba acompañada del sentimiento del peligro.

Era indudable que dentro de poco se habrían de dar cuenta en el cortijo de la falta de Pura, y cuando no encontrasen tampoco a José ni a su caballo tendrían la revelación de lo sucedido.

Aunque en el fondo todos sentirían *ese fresquillo interior* que suele causar a los envidiosos el mal ajeno, se dejarían llevar de la indignación contra los que quebrantaban las costumbres establecidas.

Disipadas las borracheras de Frasco Cruz y de Antonio, correrían en su busca, secundados por amigachos,[72] servidores y parientes.

Si los encontraban en aquel país vengativo, la muerte del muchacho era cosa segura. No se podían detener; pero era preciso tratar con consideración al caballo para poder hacer aquella jornada.

José se apeó. Puso sobre la silla a Pura y volvieron a emprender la marcha trotando él al lado de la cabalgadura.

Iba ella a cuerpo,[73] con sus collares y alhajas puestas, vestida ya con las ropas de novia y lavada y perfumada, con esa impudicia con que las familias preparan la entrega de la hija. Sin duda todo aquello era lo que más se la había dado.[74] La muchacha, excitada con sus preparativos de boda, viéndose hermosa ante el espejo, había oído el llamamiento de la Naturaleza que la inclinaba hacia el hombre joven, fuerte y hermoso, y le hacía huir del que le estaba destinado. Era una eclosión de juventud, de sensualidad suprema, la que los había envuelto.

Y los dos corrían hacia la dicha, embriagados en el perfume del amanecer y en los olores a jabón y a colonia que emanaban las ropas de la muchacha, mezclados con los efluvios de la carne morena y primaveral. La clave de la pasión andaluza estaba en la sensualidad de los perfumes de su tierra.

La carrera hacía que el aire refrescase sus frentes y sus cabezas, que parecían ir a estallar, según les martilleaban las sienes.

---

[72] The *–acho* suffix is pejorative and scornful, reflecting the narrative perspective of the story, which sides with Pura and José against the guardians of conventional morality.

[73] 'She was not wearing outdoor clothes'.

[74] 'It was doubtless all that, more than anything else, which had got her into this state.'

A veces tenían que internarse a campo traviesa[75] temerosos de encontrar algún conocido que denunciase su ruta; pero la hora temprana tenía ambos caminos desiertos. Sólo las alondras, cantando a la aurora, y la música del violín de los grillos, interrumpían el silencio.

Y avanzaban resistiendo el deseo inmenso de detenerse allí y no perder ni un instante de la pasión poderosa que los cegaba.

No podía haber ninguna pasión más intensa que la que sentía José robando del mismo pie del altar la mujer de su amigo.[76] La misma mala acción, el peligro a que se exponía, lo extraordinario de la empresa, ponía en su aventura una nota épica, acre y áspera, que excitaba un extraño y fuerte sadismo.

Su sentimiento prendía en Pura y la iniciaba en la pasión desenfrenada y loca. Despiertos sus sentidos con el penetrante perfume de los claveles, obrando sobre sus nervios como una revelación.

No era raro en la comarca que un antiguo novio robase a la desposada en su boda, en el momento supremo de ir a perderla, y de que una boda preparada con alegría terminase con sangre. Encajaba dentro de las costumbres de aquel pueblo de clima meridional, de raza moruna y de temperamento sin desbastar.

Lo más raro y sin precedente era que su unión se había verificado al mismo tiempo que la revelación de su amor y que la primera confesión fuese unida a su primer beso. Tenía la embriaguez que causa el perfume que se aspira en los azahares o los jazmines en el momento de abrirse.

Necesitaban dominarse para retener el impulso de sus corazones ansiosos de latir unidos, pero era preciso apresurar aquella carrera, de la que dependía toda su vida.

Sólo respiraron al comprender que llevaban ya delantera bastante para poder escapar hacia otro continente, hacia la promesa de una vida nueva, olvidados de todo, cegados de luz, en una ingratitud suprema para el pasado y envueltos en la ola de aquella pasión duplicada por el triunfo sobre todos los convencionalismos y por el puñal afilado del aroma de los claveles.

---

[75] 'At times they had to leave the road and ride across country'.
[76] However idealised José is, he is portrayed as having a conventional mindset here, regarding events as a theft from Antonio committed by him and tying in with the notion of the primitive 'boda por rapto' mentioned above. If he reveals a view of marriage as a transaction between men, a trading of women-as-merchandise – dishonest in this case – such thoughts are not found when the narrative adopts Pura's perspective.

Temas de debate y discusión

1 ¿Encuentras que tu opinión de (a) Pili (b) Blanca (c) Pura cambia mientras lees la historia de la que es protagonista? ¿Cuándo y en qué sentido?
2 Compara la presentación de los personajes masculinos de los tres relatos como sigue:
   a. Manuel con Felipe (*Confidencias*)
   b. Fernando con don Marcelo (*La mujer fría*)
   c. Joseíyo con Antonio (*Puñal de claveles*)
   ¿Los tres pares te permiten formar una opinión general sobre la presentación de la masculinidad por Carmen de Burgos?
3 ¿Cómo se presentan las relaciones entre personajes de distintas generaciones en los tres textos?
4 Considera el punto de vista a través del cual recibimos el argumento de los tres relatos: ¿cómo afecta nuestra opinión sobre los sucesos y los personajes?
5 ¿Qué opinas del desenlace de cada una de las historias? De haberlas escrito tú, ¿las habrías terminado de la misma manera? ¿Por qué (no)?
6 'Estos relatos son interesantes porque nos dan una idea de cómo era la España de aquella época, pero no tienen nada que ver con la vida de hoy en día.' ¿Estás de acuerdo? ¿Por qué (no)?
7 ¿Hay uno de los personajes menores que es más importante de lo que parece a primera vista? Explica por qué.
8 ¿Cómo funciona el simbolismo de (a) la frialdad en *La mujer fría*; y (b) los claveles en *Puñal de claveles*?
9 A veces, lo que se calla tiene más importancia de lo que se dice. ¿Esto se aplica a estas tres historias?
10 ¿Cuál es el ambiente en cada uno de los tres relatos y cómo se crea?

Selected vocabulary
(defined for the context in which it appears)

Vowel changes of radical-changing verbs and other patterns of irregularity (such as *–ucir* verbs taking '*zc*' in certain forms) are indicated in parentheses after the infinitive. Irregular verbs are marked as such; those deriving from others can be assumed to have the same irregularities (e.g. *envolverse* has past participle *envuelto* as *volver* has *vuelto*). Verbs with orthographic changes (e.g. *dirigir*) are not marked, since these are automatic and the rules are assumed to be known.

abarrotado, packed
abastecer (zc), to supply
abismarse, to immerse oneself
abordar, to accost, approach
abrasar, to burn (up)
abrevar, to water (animals)
abrigar, to wrap up warmly, shelter
abrumar, to overwhelm
absolver (irreg.), to absolve
abuelo (el), forefather
abulaga (la), gorse
abulia (la), apathy
acantilado (el), cliff
acariciante, affectionate
acariciar, to caress
acarrear, to bring
acartonado, wizened
acaudalado, moneyed
acero (el), steel
achaparrado, squat
achicarse, to shrink
acicate (el), spur
acoger, to receive, welcome

acometer, to attack
acre, acrid
acusarse, to be discernible
adelfa (la), oleander
ademán (el), gesture
adiestrarse, to train
adormilado, sleepy-looking
adquerir (irreg.), to acquire
advertir (ie, i), to notice
afanoso de, keen to
aferrarse, to cling
afianzar, to consolidate
afianzarse, to latch on
agarrar, to clutch
agreste, wild
aguaderas (las), trappings enabling beast of burden to carry pitchers of water
aguardiente (el), brandy
ahogar, to suffocate
airado, angry
airoso, graceful
ajeno, of others
alabastrino, alabaster

alarde (el), boasting, show
alargado, drawn out
alargar, to stretch out
albergar, to harbour
alcanzar, to reach
alcoba (la), bedroom
alejarse, to walk away, distance oneself
alfiler (el), pin
alga (el) (fem.), seaweed
alhaja (la), jewel
alhelí (el), wallflower
aliciente (el), incentive, spur
aliento (el), breath
alijo (el), contraband
aliñado, in vinaigrette
aliviar, to relieve
aljibe (el), water-tank
alma (el) (fem.), soul
almacén (el), store-room
almendro (el), almond-tree
almidonar, to starch
almohada (la), pillow
alondra (la), skylark
altivo, haughty
alumbrar, to illuminate
alzarse, to rise (up)
amanecer (el), dawn
amapola (la), poppy
amargor (el), bitterness
amargoso, tangy
amarrar, to tie up
amartelado, besotted
amasar, to knead
amedrentar, to intimidate
amorío (el), fling (amorous)
amparo (el), protection
amplio, wide, broad
angustia (la), anguish

anidar, to nest
anisado (el), anisette (liqueur)
ansia (el) (fem.), desperate yearning
de antemano, in advance, beforehand
antepasado (el), ancestor
(hacer) añicos, to smash to smithereens
añil (el), indigo
apacible, peaceful
apagar, to blot out
aparejar, to harness, saddle
aparejos (los), tack, trappings
aparentar, to feign
apartarse de, to be taken away from
apearse, to dismount
apenar, to pain
apoderarse de, to take possession of
apodo (el), nickname
aprestarse a, to be quick to
apresurarse a, to hasten to
apretado, firm
apretón (el), squeeze
aquilatar, to size up, evaluate
de arco, arched
arder, to burn
arenal (el), sandy ground
arete (el), hoop earring
argolla (la), ring
arista (la), edge
armiño (el), ermine
aromatizar, to flavour
arqueta, arquilla (la), small trunk, chest
arraigar, to take root
arranque (el), outburst

arrastrar, to drag
arrear, to goad, gee up (an animal)
arrebato (el), passionate outburst
arrepentirse de (ie, i), to regret
arrimado a, right up close to
arrojar, to throw
articulación (la), joint
asa (el) (fem.), handle
asediar, to besiege
asedio (el), siege
asiento (el), seat, base
asir, to clutch
asombro (el), astonishment
aspirar, to inhale
astilla (la), splinter
atajar, to intercept, interject
atar, to tie (up)
ataviado, dressed up, got up
atavío (el), outfit
atestado, crammed, packed
atestiguar, to attest, bear witness to
atocha (la), rough grass (esparto)
atracarse, to attack
atrancar, to bar
atreverse a, to dare
atrevido, daring
aturdido, bewildered
aullar (irreg.), to howl
aullido (el), howl
auxilio (el), help
avalorar, to increase the value of
avasallador, enslaving
aventar (ie), to winnow
avispado, lively, frisky
ayuda de cámara (el), valet
azorarse, to feel uncomfortable
azulino, bluish

balanceo (el), swinging motion
balate (el), low wall used to terrace sloping land
bancal (el), field ready for sowing
bandada (la), flock
bañista (el)/(la), bather
baratija (la), trinket
bargueño (el), small cabinet
barranco (el), ravine
barrigón, pot-bellied
barro (el), earthenware
bastar, to be enough
baúl mundo (el), trunk
berza (la), cabbage
bicho (el), nasty creature
bisutería (la), costume jewellery
blancor (el), whiteness
blando, soft
bobo, silly
bocina (la), hooter
bordar, to embroider
borrar, to cancel out
borrarse, to be obliterated, erased
borrasca (la), storm
borreguito (el), little lamb
borrico (el), donkey
boscaje (el), woodland
botonadura (la), buttonhole (i.e. flower worn in buttonhole)
bramante (el), string
brasa (la), ember
brazado (el), armful
brida (la), bridle
brillante (el), diamond
brindar, to toast (health of)
bronce (el), bronze
bruja (la), witch
brujería (la), witchcraft
brujo, relating to witchcraft or

black magic
bruma (la), mist
bruñido (el), burnished surface
búcaro (el), vase
buhonero (el), pedlar
buñolada (la), bun-feast
burbuja (la), bubble
burgués (el), townsperson
burlón, scornful
butaca (la), stalls seat (at theatre)
cabalgadura (la), mount (horse, etc.)
cabalgata (la), cavalcade
caballería (la), mount (horse, etc.)
caballerosidad (la), gentlemanliness
cabecera (la), pillow
cabellera (la), (head of) hair
cabo (el), headland
cabrilleo (el), choppiness
cacería (la), hunting trip
cadena (la), chain
cadera (la), hip
calabaza (la), pumpkin
calabaza de cuello, variety of butternut squash with elongated shape
calar, to soak through
calumniar, to slander
calzar, to wear (of shoes or gloves)
campestre, country (relating to the countryside)
canasto (el), basket
cantarera (la), shelf
cántaro (el), pitcher
cantueso (el), fringed lavender
cañaveral (el), reed-bed
cañizo (el), reed

capa (la), cape
capacho (el), wicker basket
capricho (el), whim
caprichoso, whimsical
carámbano (el), icicle
cardar, to card
cárdeno, livid (colour)
caricia (la), caress
carillón (el), bell
cariño (el), affection
carnación (la), flesh-colour
carnoso, fleshy
carrera (la), race, rush
cascabeleo (el), tinkling
cáscara (la), shell
casero, homely, domestic
catador (el), wine-taster, 'nose'
cautela (la), caution
cautividad (la), captivity
cebada (la), barley
ceder, to yield
cegar (ie), to blind
ceguera (la), blindness
ceja (la), eyebrow
celada (la), ambush, pitfall
celos (los), jealousy
celoso, jealous
ceniza (la), ash
centenar (el), roughly a hundred
ceñirse (i), to cling
cerebro (el), brain
cerner (ie), to sift
cerradura (la), lock
cerrete (el), small hill
cerro (el), hill
certeza (la), certainty
cesta (la), basket
cetrino, pasty
cetro (el), sceptre

a ciegas, blindly
cima (la), summit
cinta (la), ribbon
cintura (la), waist
ciprés (el), cypress-tree
clareón, sparse, patchy
claustro (el), cloister
clavar, to dig in (of fingernails, claws)
clavel (el), carnation
clavellina (la), pink (flower)
claveteado, studded
clavo (el), clove
coartar, to limit
coche (el), carriage
cochero (el), driver
cocktelera (la), cocktail shaker
codo (el), elbow
cohibido, inhibited
colchón (el), mattress
colmo (el), height
colocación (la), positioning
colorado, red
comadre (la), maid of honour
comarca (la), local area
comedimiento (el), reserve
comestible, edible
comidilla (la), (subject of) gossip
cómodo, convenient
compadecer a (zc), to feel sorry for
complacencia (la), satisfaction
componerse (irreg.), to dress up, repair
comprobar (ue), to verify
condescendencia (la), acquiescence (false friend: beware)
confín (el), edge
conjunto (el), outfit
conmovido, moved (emotionally)
consejero (el), advisor, counsellor
contorno (el), surrounding area
contrahecho, artificial
contrariar (irreg.), to annoy
copa (la), tree-top
copo (el), flake
cordillera (la), mountain-ridge
cordura (la), sanity
cornisa (la), cornice, ledge
corralón (el), large courtyard
corro (el), assembled group
corteza (la), crust
cortijo (el), traditional house on agricultural estate (esp. Andalusia and Extremadura)
cosecha (la), harvest
cosquillear, to tickle
cotorrón (el), idle chatterer
crepúsculo (el), twilight
crespón (el), crepe (fabric)
cría (la), offspring
criado (el), manservant
criar, to raise
cromo (el), picture, colour-plate
crujir, to creak, crunch
cuadra (la), stable
a cuadros, checked
cuajar, to congeal
cubo (el), bucket
cubrecorsé (el), camisole
cucharilla (la), teaspoon
cuello (el), collar
cuenta (la), bead
cuesta (la), slope
cumplido (el), compliment
cuñada (la), sister-in-law
curiosear, to nose around
cutis (el), complexion

chaleco (el), waistcoat
chamuscado, singed
chato, squat
chicuelo (el), small child
chiflado, nutty, unhinged
chispa (la), spark
chocar, to collide
dádiva (la), gift
dañar, to harm
dar (irreg.) **a luz**, to give birth to
deambular, to stroll
debilidad (la), weakness
decepción (la), disappointment (false friend: beware)
decidor, talkative
declive (el), slope
defraudar, to disappoint
delantal (el), apron
delantera (la), valance, advance
delatar, to betray
deleite (el), delight
delfina (la), princess
delicado, below par, poorly
denodado, resolute
denominativo, apellation
departir, to converse
derretir (i), to melt
derrota (la), defeat
desaborido, dull, bland
desabrochar, to unfasten
desafío (el), challenge
desaforadamente, wildly
desasirse de, to detach oneself from
desasosegado, with disquiet
desbastar, to refine, civilize
descabellado, crazy
descalzo, barefoot
descarado, cheeky

descartar, to disregard
descifrar, to decipher, demystify
descomunal, extraordinary
desconsuelo (el), despair
descote (el), breast (i.e. part of woman's body exposed by a low-cut neckline)
desdentado, toothless
desdicha (la), misfortune
desenfrenado, unbridled
desengañarse, to stop deluding oneself
desentenderse de (ie), to ignore
desenterrado, risen from the grave
desentumecerse (zc), to stretch one's legs
deseoso, desirous
desfallecido, in a swoon, faint
desgana (la), lack of appetite
desgarrador, heart-rending
desgracia (la), misfortune
deshojarse, to lose its leaves
designar, to point out
deslizarse, to slither
deslumbrado, dazzled
deslumbrador, dazzling
desnudo, naked
desocupado (el), idle person
desparramarse, to spread
despechado (el), unsuccessful suitor
despiadado, pitiless
desplegar (ie), to display
desplumado, plucked (of bird)
despoblado (el), depopulated area, wilderness
despojar, to strip
despojarse de, to take off

(clothes)
desposorios (los), betrothal
desprecio (el), scorn
devaneo (el), straying, infidelity
dicha (la), happiness
dije (el), charm (small ornament to hang from a chain)
dirigir, to direct
disculparse, to apologise, to say sorry (as polite way to say no)
disgustar, to displease (false friend: beware)
disgusto (el), upset
disimular, to camouflage, conceal
disponer (irreg.), to arrange, decree
diván (el), couch
divisarse, to be discernible
doblar, to fold
doblez (el), duplicity
dolencia (la), ailment
doncella (la), maid
dormitar, to doze
dote (la), dowry
duelo (el), mourning
ebullición (la), boiling
echarse a (+ infinitive), to start doing s.th.
eclosión (la), blossoming
elogiar, to praise
embelesado, con embeleso, spellbound
embriagar, to intoxicate
embriaguez (la), drunkenness, intoxication
emoción (la), excitement (false friend: beware)
empañar, to cloud, blur
empeñado, determined

empeñar(se), to persevere
empeño (el), determination
empinarse, to stretch up
empotrado, built in, set in
empresa (la), mission
enagua (la), petticoat
enamoramiento (el), crush (in love)
encadenar, to chain
encajes, los, lace
encañonado, pencil-pleated
encargar (a), to order (from)
encarnado, red
encarnar, to incarnate, embody
encierro (el), confinement
encogerse, to curl up
encomendar (ie), to give charge of
encorsetado, corseted
encrespar, to whip up
enervar, to be made nervous by
enfermero (el), nurse (male)
enflorado, decorated with flowers
engalanarse, to get all dressed up
enguantado, gloved
enhiesto, upright, erect
enjaezar, to harness
enjugar, to mop up
enlace (el), union (matrimonial)
enojoso, tedious
enredo (el), complicated business
enrubiar, to turn golden
ensueño (el), reverie
enterar, to inform
enterarse de, to find out about
entoldado, overcast
entornado, ajar
entrañablemente, tenderly
entrañas (las), insides

entreabierto, half-open
entredós (el), lace panel
entregar(se), to yield
entrever (irreg.), to glimpse
envejecer (zc), to age, get old
envenenador (el), poisoner
envenenamiento (el), poisoning
envolver(se) (ue, irreg.), to wrap (oneself)
era (la), threshing-floor
esbelto, slender
escalofrío (el), shiver
escarcha (la), frost
escasear, to become scarce
escenario (el), stage
esclarecer (zc), to light
escote (el), bust, neckline
eslabón (el), link
esmalte (el), enamel
esmokin(g) (el), evening suit
esparcir, to spread, sprinkle
esparteña (la), espadrille
espartoso, feathery
espejeante, glistening
espiga (la), stem
espolear, to spur
espuma (la), foam
esquivar, to dodge, avoid
establo (el), shed (for livestock)
estallar, to burst
estampa (la), print
estar (irreg.) **a gusto**, to be at ease
estirado, taut
estrechar, to clasp
estremecerse (zc), to shudder
estribaciones (las), foothills
estropear, to ruin
excitante, sexually arousing
exclaustrado, escaped (from cloisters of convent or monastery)
exigir, to demand
experimentar, to experience
exponerse (irreg.), to expose oneself
faca (la), knife
faja (la), sash
falda (la), skirt, foothill
fallecer (zc), to pass away
fantasía (la), flight of fancy
fantasma (el), ghost
faro (el), lighthouse
farol (el), streetlamp
fatalidad (la), fate
fatídico, fateful
fato (el), stench
febril, feverish, febrile
festín (el), feast
fetiche (el), (lucky) charm, mascot
fiambres, los, cold meats
finura (la), refinement
fisgón, nosey
flaqueza (la), weakness
flecha (la), arrow
fogoso, fiery, passionate
forajido (el), outlaw
forraje (el), forage
fosco, dark, threatening
fragosidad (la), crag
fraile (el), friar
frailero, relating to friars
sillón frailero (el), 'friary' armchair, open armchair
frasco (el), bottle
frente (la), forehead
a fuego, ironed in
fuente (la), bowl
función (la), performance

fúnebre, funereal
funesto, ill-fated
futesa (la), triviality
gabinete (el), small room
galas (las), finery
gallinero (el), hen-house
garganta (la), throat, narrow mountain-pass
gastado, jaded
gavilla (la), sheaf
gaviota (la), seagull
gemelos (los), opera glasses
gemir (i), to moan
genio (el), temperament
Ginebra (la), gin
goce (el), (intense) pleasure, joy
goloso, greedy
gozar de, to enjoy
gozarse en, to revel in
gozne (el), hinge
grato, agreeable
grieta (la), crack
grosería (la), rude remark
grueso, stout
guacamayo (el), macaw
guante (el), glove
guarinillo (el), piglet (non-standard Spanish)
guarnición (la), decoration
guizque (el), stinger (of insect) (non-standard Spanish)
hada (el) (fem.), fairy
halago (el), flattery
hallar, to find
hambriento, (very) hungry
harén (el), harem
hastío (el), boredom
haza (la), field
hebra (la), thread

hechizo (el), spell
helar (ie), to freeze
helor (el), iciness
henchirse (i), to swell
hendirse (ie), to break
heredad (la), ancestral estate
herencia (la), legacy, inheritance
hervir (ie, i), to boil
hierbabuena (la), mint
higuera (la), fig-tree
hilar, to spin
hinchar, to swell
hogar (el), fireplace, hearth
hoja (la), blade
holancete (el), fine linen
hombro (el), shoulder
hondonada (la), dip
hortaliza (la), vegetable
hotel (el), grandiose private residence
huérfano (el), orphan
huerto (el), kitchen-garden
huir (irreg.) a, to flee from
impasible, impassive
impedir (i), to prevent
imperdible (el), safety-pin
impudicia (la), immodesty, brazenness
inabordable, unapproachable
incendiar, to set ablaze
indagar, to investigate
indigno, unworthy
inefable, indescribable
inmutarse, to flinch
innegable, undeniable
inquieto, restless
insaciado, unquenched
internarse, to go inside
intimidad (la), privacy

en la intimidad, in private
invencible, insurmountable
inventariar, to take an inventory
irresistible, unbearable, frightful
jaca (la), nag (old horse)
jaqueca (la), migraine
jaramago (el), wild mustard (*sinapis arvensis*)
jaretón (el), wide, decorative hem
jarro (el), jug
jauría (la), pack of hounds
jerarquía (la), hierarchy
jícara (la), mug
jornalero (el), day-labourer
joya (la), jewel
juguetear, to play around
jurar, to swear
lacayo (el), coachman, footman
ladera (la), hillside
ladrar, to bark
lamer, to lick
lancetazo (el), bite
lanzar, to cast, throw
lanzarse a, to set out to
laqueado, lacquered (a decorative technique giving a high-shine finish)
latigazo (el), whiplash
latir, to throb, beat
latón (el), brass
lazo (el), bow
lebrillo (el), large basin or bowl
lechera (la), milkmaid
legar, to bequeath
lencería (la), lingerie
lente (el), lens
lentes, los, spectacles
leña (la), firewood, brushwood
leñador (el), woodcutter
leve, slight
leyenda (la), legend
libar, to sip
lienzo (el), linen
ligar, to attach
limosna (la), charity donation
de lino, flaxen
lirio (el), lily
listón (el), ribbon
litoral, coastal
localidad (la), seat (at theatre)
locuaz, talkative
loza (la), earthenware
luchar, to compete
lucir (zc), to shine, to be shown off
lumbrarada (la), bonfire
lumbre (la), glow
luto (el), mourning
llaga (la), open wound, sore
llama (la), flame
llanura (la), plain
macizo, solid
madreselva (la), honeysuckle
madrugar, to rise early
maleficio (el), supernatural evil, harm
malestar (el), uneasiness
maleza (la), undergrowth
manga (la), sleeve
manojo (el), bunch
manso, tame
manteca (la), lard
mantón (el), fringed shawl
marcado, monogrammed
marchitarse, to wither
marchito, withered
marco (el), frame
marea (la), tide

mareo (el), nausea
marisco (el), shellfish
mármol (el), marble
martillear, to hammer, pound
martirio (el), torture
mata (la), bush
matiz (el), nuance
mecanógrafa (la), typist
mecer(se), to rock
medias (las), stockings
medroso, frightening
médula (la), bone-marrow
mejilla (la), cheek
memada (la), idiotic remark
menudo, small
merced a, thanks to
merendero (el), snack-bar
meridional, southern
mies (la), ripe corn
mimar, to indulge, spoil (a person)
modisto (el), fashion designer
moler (ue), to grind
monacal, monastic
monja (la), nun
montón (el), pile
moño (el), bun (hairstyle)
morada (la), resting-place
morado, mauve
morar, to dwell
mórbido, soft
morder (ue), to bite, gnaw
moruno, Moorish
mozo (el), pole
muchedumbre (la), crowd
muelle, soft
muñeca (la), doll
muñón (el), stump
musgo (el), moss

nácar (el), mother-of-pearl
nanear, to waddle
nardo (el), (Polyanthus) lily (*Polianthes tuberose*)
negarse (ie) a, to refuse to
negociante (el), businessman
negrura (la), blackness
nido (el), nest
nonada (la), trifle
obedecer (zc) a, to obey
obra (la), play (at theatre)
ojera (la), dark circle, bag (under eye)
ojeroso, with dark circles under his/her eyes
ola (la), wave
olfato (el), sense of smell
olla (la), casserole
onda (la), wave
orgullo (el), pride
orilla (la), shore
orquídea (la), orchid
ostentar, to display
ovillado, curled up
oxidado, tarnished
padecer (zc), to suffer
padrino (el), sponsor
palco (el), box (at theatre)
paloma (la), dove
palpar, to touch
palpitar, to flutter
panocha (la), corn-cob
paño (el), cloth
pañuelo (el), kerchief, handkerchief
papa (el), pope
papel picado (el), tissue paper
a la par, equally
paraje (el), place

pardo, grey-brown
párpado (el), eyelid
parte (la), share
partición (la), sharing-out (of profits, etc.)
partido (el), catch, match (for marriage)
pasillo (el), corridor
patraña (la), old wives' tale, nonsense
pavoroso, dreadful
peca (la), freckle
pechera (la), shirt front
pechuga (la), breast (of chicken)
pedazo (el), piece
pedernal (el), flintstone
pedregoso, stony
peina (la), side-comb
peinador (el), dressing-gown
peine (el), comb
pelado, bare
pelele (el), rag-doll
peleón (el), cheap wine
pellejo (el), womaniser
penoso, unpleasant
pepita (la), pip
perdiz (la), partridge
perjudicar, to harm
pernoctar, to spend the night
perseguir (i), to pursue
pesante, weighty
pesar (el), pain
pestaña (la), eyelash
petulancia (la), pretentiousness
piadoso, merciful
piara (la), herd of pigs
picacho (el), mountain-top
picado, piqued
picadura (la), prickling (as of a rash), bite (of an insect)
pico (el), beak, peak, point
piensado, fed
pienso (el), bale, fodder
pilón (el), trough
pinar (el), pine-grove
pincelada (la), brush-stroke
piña (la), cluster
pisar, to tread
pista (la), scent-trail, track
pitaco (el), hemp
pizarroso, made of slate
pizpireto, perky
placa (la), card
platea (la), ground-floor box (at theatre)
platero (el), silversmith
a plazos, in instalments
pliegue (el), pleat
plomizo, leaden
podrido, rotten
polea (la), pulley
polvo (el), dust
ponche (el), punch (drink)
posada (la), inn
posarse, to land
poseer (irreg.), to possess
potro (el), colt
poyo (el), bench
pozo (el), well
preciso, necessary
predilecto, favourite
presa (la), prey
prescindir de, to do without
presentir (ie, i), to have a presentiment
pretendiente (el), suitor
prevenirse (irreg.), to prepare oneself

primavera (la), primrose
propalar, to propagate
proponerse (irreg.), to decide
propósito (el), intention
proscenio (el), boxes at side of stage
púa (la), tooth (of comb)
puchero (el), jug
pudor (el), modesty
pudrir, to rot
pueblerino, small-town (adj.)
puesta de sol (la), sunset
puestecillo (el), stall (in street or market)
puesto (el), place
puntiagudo, pointed
puntilla (la), lace
puñal (el), dagger
quebradura (la), break
quedar, to arrange, agree (when making arrangements)
quehacer (el), household chore
quejido (el), wail
quemadura (la), burn
quimera (la), chimera, illusion, fancy
quinta (la), estate (large rural property)
rábano (el), radish
rabillo (el) (dim. of *rabo*), little tail
racimo (el), bunch
ralo, straggly
ramillete (el), twig
ramo (el), bouquet
rapto (el), abduction, kidnap
rasgar, to tear
rasgo (el), feature, gesture
raso (el), satin

rastrojo (el), stubble
raza (la), race (of people)
rebuscado, rarified
recargado, overdone
recato (el), modesty
receta (la), recipe
recibimiento (el), reception-room
recién, newly
recobrarse, to recover
recogimiento (el), dignified seclusion
recorte (el), outline
recurso (el), resource
redondel (el), disc
refajo (el), overskirt
refrán (el), proverb
regar (ie), to water
regio, majestic
regordete (irreg. fem. form: **regordeta**), chubby
rehilo (el), slight shudder
relato (el), story
relinchar, to neigh
rencor (el), grudge
rendido, devoted, exhausted
rendija (la), crack
renovarse (ue), to be renewed
reñir (i), to quarrel
reparar en, to take notice of
repliegue (el), nook
reponer (irreg.), to answer back
requemado, baked
reses (las), cattle
restar, to remain
retener (irreg.), to detain
reto (el), challenge
retraído, withdrawn
retrato (el), portrait
retroceder, to draw back

reventón, in full bloom
revoltoso, frisky
revuelto, disarranged (hair); choppy (sea)
rezagado (el), straggler
ribera (la), riverbank
rienda (la), rein
riña (la), quarrel
rizoso, curly
rocío (el), dew
rodaja (la), slice
rodear, to surround
de rodillas, kneeling
rogar (ue), to request
romería (la), pilgrimage
romero (el), rosemary
ronda (la), round
ronzal (el), halter
roñoso, stingy, miserly
rostro (el), face
rozar, to brush
ruborizarse, to blush
rúbrica (la), flourish, personal stamp
rudo, unrefined
de rumbo, ostentatious
sabio, wise, knowing
saborear, to savour
sacudimiento (el), shake-up
sacudir, to shake (off)
saeta (la), dart
sagrado, sacred
salchichón (el), salami
salida (la), remark
saludar, to greet
saludo (el), greeting
sampaguita (la), Arabian jasmine (*Jasminum sambac*)
sandía (la), watermelon

sanguíneo, ruddy-complexioned
santiamén (el), jiffy
santiguarse, to cross oneself
savia (la), sap
secano (el), arid land (unirrigated)
secarse, to wither
sembrar (ie), to stud
sementero (el), sown field
semilla (la), seed
senador (el), senator
sentirse (ie, i) a gusto, to feel at one's ease
señoril, classy
sepulturero, graveyard (adj.)
siega (la), reaping
siembra (la), sowing
sien (la), temple
silbido (el), whistle
silla (la), saddle
silvestre, wild
sirena (la), mermaid
soberbio, superb, grandiose
sobreponerse (irreg.) a, to overcome
sobresaltado, startled
socarrón, mocking
socio (el), (business) partner
solana (la), sunny side of a hill
solapa (la), lapel
sollozo (el), sob
solterón (el), confirmed bachelor
solterona (la), old maid, spinster
someterse, to yield, give in
soportar, to stand, bear
sorbo (el), sip
sortija (la), ring
suave, smooth
suavidad (la), softness, gentleness

suceso (el), event
sudar, to sweat
sudor (el), sweat
suegro (el), parent-in-law
sufragio (el), help
sugestionarse, to get fixated with, get hung up on
sumirse en, to sink into
suntuoso, sumptuous
superar, to overcome
superficie (la), surface
suplicar, to beg, entreat
suplicio (el), torture
suspenso, shocked
sustraerse (irreg.), to remove oneself
susurrante, whispering
susurrar, to whisper
sutil, subtle
tacto (el), (sense of) touch
tafetán (el), taffeta
tajada (la), slice
talla (la), cut (of a gemstone)
tallar, to carve
talle (el), waist
tallo (el), stalk, stem
tapar, to cover
tapia (la), garden wall
taponazo (el), pop (of cork coming out of bottle)
tejer, to spin
tela (la), fabric
telón (el), curtain (at theatre)
temible, fearsome
templado, lukewarm
tender (ie), to stretch out
tenue, thin
teñir (i), to tint, dye
ternera (la), calf

ternura (la), tenderness
terso, smooth
tesoro (el), fortune (fig.)
tibio, warm
tierno, tender
tijeras (las), scissors
tinada (la), shed
tiritón (el), shudder
tísico (el), consumptive, person with tuberculosis
tisú (el), silk threaded with silver or gold, lamé
tito (el), affectionate diminutive of *tío*, uncle
toca (la), headdress
tocador (el), dressing-table
toldo (el), awning, sun canopy
tomillo (el), thyme
topo (el), mole
tornaboda (la), party which follows a wedding
en torno de, around
torpe, gauche
tórtola (inv.), dove-grey
tosco, coarse
tragar, to swallow
traidor, treacherous
tranquilizar, to reassure
transcender (ie), to override
transcurrir, to go by (of time)
tranvía (el), tram (note gender)
trascender (ie), to have a very pungent smell
trasnochador (el), person who stays up all night
trastornar, to unhinge
travesura (la), mischief(-making)
trébol (el), clover
tren (el), luxurious lifestyle

trigal (el), wheat-field
trigo (el), wheat
trilla (la), threshing
tronera (la), opening
a trueque de, in return for
turbación (la), nervousness
ufano, proud
uña (la), (finger)nail
vacilar, to hesitate
vagar, to wander
vaho (el), whiff
varilla (la), rod
varonil, virile
vasar (el), kitchen shelf
vascongado, Basque
vedar, to forbid
vela (la), sail
velada (la), evening
velar, to be awake, to veil
velo (el), veil
vello (el), hair
vena (la), vein
vencedor (el), victor
vencimiento (el), defeat

veneno (el), poison
venganza (la), revenge
vengarse de, to take revenge on
venta (la), bar, drinks stand
vereda (la), grassy footpath
verja (la), railings
verruga (la), wart
vertiente (la), slope
vidriado, glazed
viñedo (el), vineyard
vislumbrar, to glimpse
víspera (la), eve, day before s.th.
vitrina (la), glass cabinet
viveza (la), brio
volante (el), flounce
voluntad (la), willpower
de vuelo, flared
yedra (la), ivy
yegua (la), mare
yerno (el), son-in-law
yerto, stiff
zagal (el), lad, youngster
zalamero (el), flatterer
zozobra (la), anxiety